Tucholsky   Wagner   Zola   Scott   Schlegel
             Turgenev   Wallace   Fonatne Sydow   Freud

    Twain   Walther von der Vogelweide   Fouqué   Friedrich II. von Preußen
               Weber   Freiligrath   Frey

Fechner   Fichte Weiße Rose von Fallersleben   Kant   Ernst   Frommel
                                                        Richthofen

        Engels   Fielding   Hölderlin
   Fehrs   Faber   Flaubert   Eichendorff   Tacitus   Dumas

                                         Eliasberg   Ebner Eschenbach
Feuerbach   Maximilian I. von Habsburg Fock   Eliot   Zweig
                 Ewald   Vergil

        Goethe   Elisabeth von Österreich   London
Mendelssohn Balzac   Shakespeare
   Trackl   Lichtenberg   Rathenau   Dostojewski   Ganghofer
        Stevenson   Doyle   Gjellerup
Mommsen   Thoma   Tolstoi   Lenz   Hambruch
                                        Hanrieder   Droste-Hülshoff

Dach   Verne   von Arnim   Hägele   Hauff   Humboldt
      Reuter   Gautier
  Karrillon   Garschin   Rousseau   Hagen   Hauptmann

    Damaschke   Defoe   Hebbel   Baudelaire
                   Descartes   Hegel   Kussmaul   Herder

Wolfram von Eschenbach   Dickens   Schopenhauer
         Darwin   Rilke   George
  Bronner   Melville   Grimm Jerome
      Campe   Horváth   Aristoteles   Bebel   Proust

Bismarck   Vigny   Barlach   Voltaire   Federer   Herodot
              Gengenbach   Heine

Storm   Casanova   Tersteegen   Gilm Grillparzer Georgy
      Chamberlain   Lessing   Langbein   Gryphius
Brentano   Lafontaine
  Strachwitz   Claudius   Schiller   Kralik Iffland Sokrates
                              Bellamy Schilling
       Katharina II. von Rußland   Gerstäcker   Raabe Gibbon Tschechow

Löns   Hesse   Hoffmann   Gogol   Wilde   Gleim   Vulpius
  Luther Heym   Hofmannsthal   Klee Hölty Morgenstern   Goedicke
     Roth   Heyse Klopstock   Puschkin   Homer   Kleist
Luxemburg   Horaz   Mörike
       La Roche   Musil
   Machiavelli   Kierkegaard   Kraft   Kraus
Navarra Aurel   Musset   Moltke
  Nestroy Marie de France   Lamprecht Kind Kirchhoff Hugo

        Nietzsche   Nansen   Laotse   Ipsen   Liebknecht
                 Marx   Ringelnatz
  von Ossietzky   Lassalle Gorki   Klett   Leibniz
        May   vom Stein Lawrence   Irving
Petalozzi Platon   Knigge
  Sachs   Poe   Pückler Michelangelo   Kock   Kafka
                              Liebermann   Korolenko
     de Sade Praetorius   Mistral   Zetkin

Der Verlag tredition aus Hamburg veröffentlicht in der Reihe TREDITION CLASSICS Werke aus mehr als zwei Jahrtausenden. Diese waren zu einem Großteil vergriffen oder nur noch antiquarisch erhältlich.

Symbolfigur für TREDITION CLASSICS ist Johannes Gutenberg (1400 — 1468), der Erfinder des Buchdrucks mit Metalllettern und der Druckerpresse.

Mit der Buchreihe TREDITION CLASSICS verfolgt tredition das Ziel, tausende Klassiker der Weltliteratur verschiedener Sprachen wieder als gedruckte Bücher aufzulegen – und das weltweit!

Die Buchreihe dient zur Bewahrung der Literatur und Förderung der Kultur. Sie trägt so dazu bei, dass viele tausend Werke nicht in Vergessenheit geraten.

Verteidigung des Unsinns, der Demut, des Schundromans und anderer mißachteter Dinge

Gilbert Keith Chesterton

Impressum

Autor: Gilbert Keith Chesterton
Umschlagkonzept: toepferschumann, Berlin

Verlag: tradition GmbH, Hamburg
ISBN: 978-3-8472-3567-5
Printed in Germany

Gilbert Keith Chesterton

Verteidigung des Unsinns, der Demut, des Schundromans und anderer mißachteter Dinge

Chesterton

Verteidigung
des Unsinns,
der Demut,
des Schundromans
und
anderer mißachteter Dinge

1 9 1 7

Verlag der weißen Bücher, Leipzig

Einleitung

In endlosen, hügligen Gegenden – Gegenden gleich großen, schwindlig gewordenen Flächen, gleich Zangen, die der Idee, daß es überhaupt etwas wie Ebene gibt, zu widersprechen scheinen und uns allen vergegenwärtigen, daß wir auf einem Planeten mit abschüssigem Dach leben – trifft man von Zeit zu Zeit ganze Täler voll loser Felsen und Steinblöcke, so gewaltig, als wären es losgebrochene Berge. Das Ganze könnte ein mißglückter und aufgegebener Schöpfungsversuch sein. Oft hält es schwer, zu glauben, daß ein solcher kosmischer Auswurf anders als durch menschliche Mittel zustande gekommen sein kann. Die zahmste und beliebteste Vorstellung erfaßt die Gegend als Schauplatz irgendwelcher Gigantenkämpfe. Für mich ist sie mit *einer* Idee verbunden, die immer wiederkehrt und sich schließlich ganz instinktiv einstellt. Die Szene war der Schauplatz irgendeiner vorgeschichtlichen Prophetensteinigung, eines Propheten, der so viel riesenhafter war als die Propheten nach ihm, wie die Steinblöcke riesenhafter sind als Kiesel. Er redete einige Worte – Worte, die schändlich und fürchterlich schienen – und vor Schreck begrub ihn die Welt unter einer Wildnis von Steinen. Die Gegend ist das Denkmal einer uralten Furcht.

Wenn wir dieser phantastischen Laune nachgeben wollten, würde es schwerer halten, sich vorzustellen, durch welche entsetzliche Deutung oder welch wildes Bild des Weltalls diese erste Verfolgung heraufbeschworen ward, was für eines überraschenden Gedankens Geheimnis unter den grausamen Steinen begraben liegt. Denn in unserer Zeit sind die Lästerungen fadenscheinig. Pessimismus ist jetzt, was er von jeher eigentlich war, ganz offenkundig mehr Gemeinplatz als Frömmigkeit. Gottlosigkeit ist jetzt mehr als eine Affektiertheit – sie ist ein Übereinkommen. Der Fluch gegen Gott ist Übung I. im Elementarkurs der kleineren Dichtung. Gewiß nicht um solcher kindischer Ernsthaftigkeiten willen wurde unser vermeintlicher Prophet am Weltenmorgen gesteinigt. Wenn wir die Angelegenheit auf der unfehlbaren Wage unserer Vorstellung wägen, wenn wir sehen, wozu die Menschheit tatsächlich neigt, werden wir es sehr plausibel finden, daß er des Ausspruchs wegen gesteinigt wurde, das Gras wäre grün, und die Vögel sängen im Frühling; denn die Sendung aller Propheten von Anfang an ist nicht so sehr das Hinweisen auf Himmel und Hölle gewesen als vornehmlich das Hinweisen auf die Erde.

Religion muhte das längste und seltsamste Fernrohr beschaffen – das Fernrohr, durch das wir den Stern sehen können, auf dem wir wohnen. Für den Verstand und die Augen eines Durchschnittsmenschen ist diese Welt so verloren wie das Eden und so versunken wie Atlantis. Da läuft ein seltsames Gesetz durch die lange Dauer menschlicher Geschichte – daß die Menschen beständig danach trachten, ihre Umgebung zu unterschätzen, ihr Glück und sich selbst. Die große Sünde der Menschheit, die Sünde, die durch den Fall Adams gekennzeichnet ist, ist nicht das Streben nach Herrlichkeit, sondern nach unheimlicher und abscheulicher Erniedrigung.

Das ist der große Fall, der Fall, durch den der Fisch das Meer vergißt, der Ochs die Wiese vergißt, der Geschäftsmann die Stadt, jeder seine Umgebung vergißt und im vollsten und tatsächlichsten Sinne sich selbst vergißt. Das ist der wahre Fall Adams, und es ist ein geistiger Fall. Es ist ein eigen Ding, daß viele wirklich geistige Menschen wie General Gordon tatsächlich Stunden damit verbracht haben, über die genaue Lage des Gartens von Eden Betrachtungen anzustellen. Höchst wahrscheinlich sind wir immer noch im Eden. Nur unsere Augen haben sich geändert.

Der Pessimist gilt gewöhnlich für einen Empörer. Er ist es nicht. Erstlich, weil einiger Frohsinn dazu gehört, in Empörung zu verharren, und zweitens, weil der Pessimismus an unsre schwächsten Seiten appelliert, und der Pessimist ein ebenso schreiendes Gewerbe treibt wie der Schenkwirt. Der wirkliche Empörer ist der Optimist, der gemeiniglich lebt und stirbt in einer verzweifelten und selbstmörderischen Anstrengung, alle andern Leute davon zu überzeugen, wie gut sie sind. Es ist mehr als hundertmal bewiesen worden: will man wirklich das Volk aufhetzen und sterbenswild machen, so ist der richtige Weg dazu der, ihnen zu sagen, daß sie alle Söhne Gottes sind. Jesus Christus ward gekreuzigt, man erinnere sich wohl daran, nicht wegen irgendetwas, das er über Gott sagte, sondern als Strafe für den Ausspruch, daß ein Mensch in drei Tagen den Tempel einreißen und wieder aufbauen könne. Alle großen Revolutionäre von Jesaia bis Shelley sind Optimisten gewesen. Sie waren unwillig, nicht über die Schlechtigkeit des Daseins, sondern über die Trägheit der Menschen, des Daseins Güte zu erfassen. Der Prophet, der gesteinigt ward, ist nicht ein Zänker oder Spielverderber. Er ist einfach ein abgewiesener Liebhaber. Er leidet unter einer unerwiderten Hingabe an Dinge im allgemeinen.

Es offenbart sich immer mehr, daß die Welt in einer beständigen Gefahr ist, falsch beurteilt zu werden. Daß das keine wunderliche oder dunkle Idee ist, mag durch einfache Beispiele belegt werden. Die beiden unbedingt grundlegenden Worte »gut« und »schlecht«, Bezeichnungen zweier ursprünglicher und unerklärbarer Empfindungen, werden nicht und sind niemals passend angewandt worden. Dinge, die schlecht sind, werden von niemand, der sie ausprobiert, gut geheißen; aber Dinge, die gut sind, werden im Gemein-Urteil der Menschheit schlecht geheißen.

Lassen Sie mich das etwas erklären: Gewisse Dinge sind, so weit man sehen kann, schlecht, wie Schmerz etwa, und niemand, nicht einmal ein Verrückter, heißt Zahnschmerz an sich gut; aber ein Messer, das plump und zur Not schneidet, heißt ein schlechtes Messer, was es gewiß nicht ist. Es ist nur nicht so gut wie andere Messer, an die sich die Menschen gewöhnt haben. Ein Messer ist niemals schlecht, höchstens in so seltenen Fällen wie denen, wenn es artig und wohl durchdacht mitten in jemandes Rücken gepflanzt wird. Das elendste und stumpfste Messer, das je einen Bleistift in Stücke brach statt ihn zu spitzen, ist ein gutes Ding insoweit es ein Messer ist. Es würde für ein Wunder gegolten haben in der Steinzeit. Was wir ein schlechtes Messer nennen, ist ein gutes Messer, nicht gut genug für uns; was wir einen schlechten Hut nennen, ist ein Hut, nicht gut genug für uns; was wir eine schlechte Küche nennen, ist eine gute Küche, nicht gut genug für uns; was wir eine schlechte Zivilisation nennen, ist eine gute Zivilisation, nicht gut genug für uns. Wir belieben das große Material der Menschheitsgeschichte schlecht zu nennen, weil wir besser sind. Das ist ein greifbar unanständiges Prinzip. Elfenbein mag nicht so weiß sein wie Schnee, aber das ganze arktische Festland macht Elfenbein nicht schwarz.

Nun ist es mir unbillig erschienen, daß sich die Menschheit andauernd damit beschäftigen sollte, alle jene Dinge schlecht zu heißen, die gut genug gewesen sind, andere Dinge besser zu machen, in einem fort die Leiter umzustoßen, auf der sie emporgestiegen ist. Es kam mir vor, daß Fortschritt etwas anderes sein sollte als ein fortwährender Vatermord; darum hab ich die Kehrichthaufen der Menschheit durchspürt und in jedem von ihnen einen Schatz gefunden. Ich habe gefunden, daß die Menschheit nicht zufällig, vielmehr ewig und planmäßig damit beschäftigt ist, Gold in die Gosse und Diamanten ins Meer zu werfen. Ich habe gefunden, daß jeder dazu neigt, das grüne Blatt des Baumes ein bißchen weniger grün zu nennen als es ist, und den Weihnachtsschnee ein bißchen weniger weiß als er ist; darum hab ich mir eingebildet, daß die Hauptaufgabe eines Menschen, so gering er auch sein mag, Verteidigung ist. Ich habe begriffen, daß ein Verteidiger besonders dann vonnöten ist, wenn Weltlinge die Welt verachten – daß ein Anwalt für die Verteidigung nicht am unrechten Orte gestanden hätte an jenem schrecklichen Tage, da die Sonne sich über Kalvaria verfinsterte, und der Menschensohn von Menschen verstoßen ward.

Verteidigung des Schundromans

Bis zu welchem Grade wir das alltägliche Leben unterschätzen, zeigt sich am auffallendsten an der populären Literatur, deren große Masse wir immer als vulgär beschreiben. Des Knaben Geschichtenbuch mag ja literarischen Ansprüchen nicht gerecht werden, aber das heißt so viel wie vom modernen Roman sagen, daß der von der Chemie, der Astronomie, der Sozialökonomie nichts verstünde; dennoch ist es nicht vulgär an sich – vielmehr bildet es den tatsächlichen Mittelpunkt zahlloser feuriger Imaginationen.

In früheren Zeiten hatten die Gebildeten keine Kenntnis von der populären Literatur. Dadurch kam es auch zu keiner eigentlichen Geringschätzung. Wovon ich nichts weiß, und was mich gänzlich gleichgültig läßt, gibt mir zur Selbstüberhebung keinerlei Anlaß. Deshalb zieht noch keiner hochmütig die Straße hinab und dreht sich selbstgefällig den Schnurrbart in die Höhe, weil er sich seine Überlegenheit über irgendeine Gattung von Tiefseefischen zu Gemüte führt. In ähnlicher Ferne ließ das ganze Untergebiet der populären Literatur die gebildete Welt von ehemals.

Heutzutage hat sich dieser Grundsatz verschoben. Wir verachten zwar die vulgäre Literatur nach wie vor, aber wir ignorieren sie nicht. Wir sind auf dem Wege, trivial zu werden, so sehr befassen wir uns mit dem Studium der Trivialitäten; es lauert im Hintergrund das furchtbare Gesetz der Circe, daß die Seele, welche allzusehr sich herabläßt, um etwas zu erforschen, sich nicht mehr emporrichten kann. Keine Gattung populärer Schriften wird meines Erachtens zum Gegenstand so lächerlicher Übertreibungen und Mißverständnisse gemacht, wie die landläufige Knabenliteratur niedrigster Sorte. Diese Gattung hat vermutlich jederzeit existiert und mußte existieren. Sie darf ebensowenig Anspruch erheben, gute Literatur zu sein, als ihre Leser in den täglichen Gesprächen, die sie führen, auf große Rednertalente Anspruch erheben, oder die Klassenzimmer und Stuben, in welchen sie wohnen, architektonische Meisterwerke sein wollen. Aber deshalb müssen sie doch sprechen, in ihren Häusern weiterwohnen und ihre Lektüre haben. Das einfache Bedürfnis nach einer idealen Welt irgendwelcher Art, in der erdichtete Personen ungehindert sich entfalten können, ist viel tiefer eingewurzelt und viel älter als alle (Gesetze der Kunst, und ist auch viel wichtiger. Ein jeder von uns hat in seiner Kindheit solch unsichtbare *dramatis personae* ins Leben gerufen, aber nie ist es unseren Kindsfrauen dabei eingefallen, diese Kompositionen auf Grund eines sorgfältigen Vergleiches mit Balzacs Schriften nachzukorrigieren. Im Orient wandert der Geschichtenerzähler von Beruf mit einem kleinen Teppich von Dorf zu Dorf; und ich hätte den aufrichtigen Wunsch, daß einer bei uns zulande den moralischen Mut besäße, diesen Teppich in Berlin N oder am Pariser Platz auszubreiten und Platz darauf zu nehmen. Aber die Geschichten jenes Teppichträgers werden schwerlich alle von höchster künstlerischer Vollendung sein. Literatur und Geschichten sind zwei sehr verschiedene Dinge. Die Literatur ist ein Luxus; die Geschichten sind eine Notwendigkeit. Ein Kunstwerk kann sozusagen nicht kurz genug sein, denn in seiner Klimax beruht sein Wert. Eine Geschichte kann nie zulange sich hinausspinnen, denn nur mit Bedauern sieht man sie ans Ende gelangen, und während der Künstler immer größere Gedrungenheit und Kürze anstrebt, ist größte Weitschweifigkeit ein Merkmal alles echt romanesken Plunders. Zwischen Kasperl und dem Polizisten kommt es nie zu einem Ende. Die beiden sind schlankweg als zwei unsterbliche Typen hingestellt.

Aber statt bei Erörterung des Problems von der offenkundigen Tatsache auszugehen, daß die Knaben aus dem Volke von jeher ungefüge und endlose romantische Lektüre pflogen, und dann für deren Sanierung Sorge zu tragen, – setzen wir gewöhnlich damit ein, daß wir in Bausch und Bogen alle derartige Literatur verdammen und uns höchlichst verwundert und entrüstet zeigen, weil die jungen Laufburschen, die hier in Frage kommen, nicht die »Wahlverwandtschaften« oder den »Baumeister Solneß« lesen. Besonders sind es Gerichtspersonen, welche die meisten Verbrechen der Großstadt der Schundliteratur zur Last legen möchten. Wenn ein Betteljunge einen Apfel stiehlt, wird darauf hingewiesen, daß er die Kenntnis von der Schmackhaftigkeit des Apfels allerlei ungesunden Büchern entnahm. Die Jungen selbst, wenn sie sich reumütig zeigen, berufen sich gerne mit heftiger Erbitterung auf Schauermären, wie es von Rangen, die einigen Humor besitzen, gar nicht anders zu erwarten ist. Aber die meisten Leute sind fest überzeugt, daß es eine

Spezialität der Gassenbuben ist, die Hauptmotive für ihre Handlungsweise aus gedruckten Büchern zu schöpfen.

Nun bezieht sich aber jene von Gerichtspersonen gerne vorgebrachte Beschuldigung keineswegs auf den literarischen Unwert besagter Bücher. Schlecht geschriebene Bücher zu veröffentlichen ist kein Verbrechen. Da kämen gar viele Stilgebauer ins Gefängnis. Sondern man geht hier von der Theorie aus, daß die Masse der Knabenbücher niedrig und verbrecherisch ist, und den Instinkten niedriger Habgier und Grausamkeit schmeichelt. Dies ist die Theorie des hochlöblichen Gerichts und sie ist barer Unsinn.

Meine Erfahrungen betreffs der zerlumptesten Bibliotheken, die ich in den ärmsten Stadtvierteln vorfand, sind einfach folgende: Der ganze Wust von vulgären Knabenbüchern befaßt sich mit unzusammenhängenden endlosen Abenteuern und Wanderschaften. Leidenschaften spielen sich da keine ab, denn es kommen keinerlei Charaktere vor. Es dreht sich alles um gewisse lokale und hergebrachte Typen: den mittelalterlichen Ritter, den Duellisten des 18. Jahrhunderts, und den modernen Auswanderer, der sein Glück in den Goldgruben von Kalifornien suchen geht.

Unter diesen Erzählungen gibt es eine Unzahl, die sich mit den Abenteuern der Räuber, Flüchtlinge und Piraten befassen und Diebe und Mörder in einem romantischen Licht hinstellen. Aber was tun die Romane von Walter Scott anderes, oder Byrons Korsar, oder eine Schar anderer Bücher, die unentwegt als »Preise« oder Weihnachtsgeschenke zur Austeilung gelangen? Niemand wird sich einfallen lassen, zu glauben, daß Schillers »Räuber« oder der »Götz von Berlichingen« einen Knaben zu wilden Ausschreitungen veranlaßten. Wo unsere eigene Klasse in Frage kommt, geben wir gerne zu, daß romantische Schicksale mit Vergnügen von der Jugend vernommen werden, nicht weil sie ihrem eigenen Leben ähnlich, sondern weil sie verschieden davon sind. So könnte uns doch auch der Gedanke kommen, daß, welches immer die Gründe seien, die den kleinen Laufburschen zur Lektüre des »Nil Carter« und derartiger Bücher bewegen, es doch gewiß nicht diese sind, daß er selbst von dem Blute seiner Freunde und Verwandten trieft. In diesen wie in allen ähnlichen Dingen entfernen wir uns gänzlich von dem richtigen Standpunkt, indem wir von den »niederen Klassen« sprechen, und dabei die Menschheit mit Ausnahme von uns selbst meinen. Diese triviale romantische Natur ist nicht ausschließlich plebejisch: sie ist einfach menschlich. Wir haben den ganzen Plunder dieser Sorte von Büchern als eine krankhafte Ungeheuerlichkeit hingestellt, während sie nichts anderes ist als törichtes, gesundes Menschentum. Gewöhnliche Leute werden stets zur Sentimentalität neigen: wer gefühlvoll, aber um keine neuen Ausdrucksmittel für seine Gefühle besorgt ist, ist ein Sentimentaler. Diesen populären Schriften haftet nichts wesentlich Böses an. Sie bringen die sanguinischen und heroischen Gemeinplätze zum Ausdruck, auf welchen die Zivilisation gegründet ist; denn so viel ist klar, daß die Zivilisation auf Gemeinplätzen gegründet ist, oder überhaupt der Grundlage entbehrt. Welche Sicherheit könnte eine Gemeinde haben, welche die Behauptung des Staatsanwaltes, daß der Mord ein Unrecht sei, als ein originelles und glänzendes Paradox empfände? Wenn die Herausgeber und Verfasser der Schundromane plötzlich die gebildete Klasse unter Kuratel stellen, unsere Romane konfiszieren und uns ermahnen wollten, ein besseres Leben zu führen, so würden wir dies sehr schief aufnehmen. Dennoch hätten sie dazu viel größeres Recht als wir; denn bei aller Dummheit sind sie normal, wir aber abnorm; und die moderne Literatur der Gebildeten, nicht der Ungebildeten ist es, die offenkundig und aggressiv eine verbrecherische ist. Bücher, die den Pessimismus und die Sittenlosigkeit befürworten, und vor welchen der hochherzige Laufjunge zurückschaudern würde, liegen in allen Empfangszimmern auf. Wenn der lumpigste Tändler sich vermessen wollte, Bücher in seiner Auslage zu haben, die den Selbstmord oder die Bigamie ausdrücklich verteidigen, so würde ihm der ganze Vorrat schleunigst von der Polizei beschlagnahmt werden. Denn solche Dinge werden nur als unser Luxusartikel geduldet. Und mit einer Heuchelei und einem Aberwitz sondergleichen verweisen wir den Gassenbuben ihre Unmoral, während wir die Frage aufwerfen, ob es überhaupt eine Moral gibt. Während wir die Schundliteratur verwünschen, weil sie das Volk antreibt, die Besitzenden ihres Eigentums zu berauben, erklären wir jeglichen Besitz für Raub. Und wir beschuldigen (ganz ungerechtfertigterweise) diese Bücher der Unsittlichkeit, während wir mit philosophischen Systemen uns vertraut machen, die alle Ausschweifungen geradezu glorifizieren; und wir legen ihnen die vielen Selbstmordfälle junger Leute zur Last, während wir ruhig die Frage erörtern, ob denn das Leben wert sei, daß man es erhalte.

Ja, wir sind die morbiden Ausnahmen, wir sind es, welche die Klasse der Verbrecher genannt zu werden verdient. Dies sollte uns zum großen Trost gereichen. Die große Masse der Menschheit ist es, die mitsamt ihrer Masse unnützer Bücher und Worte es nie in Zweifel zog und nie in Zweifel ziehen wird, daß der Mut etwas Herrliches, die Treue etwas Edles sei, daß man bedrängten Frauen beistehen und überwundene Feinde verschonen solle. Es gibt aber auch eine große Anzahl gebildeter Leute, die so alltägliche Grundsätze anzweifeln, wie es eine Anzahl Menschen gibt, die sich für den deutschen Kaiser oder König Eduard halten; und ich höre, daß beide Arten von Leuten sehr unterhaltende Reden vorbringen können. Die Norm aber schöpft aus ihren gewohnten überschwenglichen sogenannten Schundromanen eine bessere und gesündere Moral, als sie in den glänzenden ethischen Paradoxen zu finden ist, die bei der vornehmen Welt so rasch wie ihre Moden wechseln. Es mag von recht primitiver Moral zeugen, einen »abgefeimten Bösewicht« niederzuschießen, aber sicherlich taugt sie mehr, als die in so manchen modernen Systemen enthaltene, von d' Annunzios Büchern abwärts. Solange die grobe und seichte Schicht der gewöhnlichen populären Romantik von einer armseligen Kultur unberührt bleibt, wird sie nie wirklich unmoralisch sein. Sie steht immer auf der Seite des Lebens. Die Armen, die Sklaven, die in Wahrheit von der Last des Lebens gebeugten, sind oft kopflos, wild und grausam gewesen, aber niemals hoffnungslos. Letzteres war stets ein Vorrecht der Gebildeten, wie gute Zigarren. Die populäre Literatur mit ihrem »Donner und Blut« wird stets einfach sein wie der Donner unter dem Himmel und das Blut des Menschen.

Verteidigung des Unsinns

Es gibt von jeher zwei berechtigte Arten, diese unsere dämmernde Welt zu betrachten; wir können dieses Zwielicht als ein abendliches oder ein morgendliches ansehen; alles bis zu einer Eichel herab, darf uns als ein Erstling oder ein Nachkömmling bedünken. Es gibt Zeiten, wo uns die Summe, nicht so sehr der Schlechtigkeiten, als der menschlichen Güte schier den Atem benimmt, und wo wir uns nur mehr als die Erben überwältigender Großtaten vorkommen. Aber zu anderen Zeiten scheint uns alles erst in den Anfängen begriffen, die ewigen Steine kommen uns vor wie Funken von eines Knaben Feuerwerk, die ganze Welt steht so neu und jung vor uns, daß selbst die schneeigen Haare der Greise, um mit der Bibel zu reden, wie Blüten des Mandelbaumes sind, wie Weißdorn zur Frühlingszeit. Daß es dem Menschen heilsam ist, sich als den Erben aller Zeiten zu fühlen, darüber sind sich die Menschen ziemlich einig; weniger populär, aber dennoch von gleicher Wichtigkeit ist die Ansicht, daß es heilsam für ihn ist, sich nicht nur als ein Abkömmling, sondern als ein Urahn zu fühlen; es ist ihm dienlich, sich zu fragen, ob er sich zu den Helden rechnen dürfe, und erhebende Zweifel darüber zu hegen, ob er nicht ein Sonnen-Mythus sei.

Was zu allen Zeiten diesen Eindruck der perennierenden Kindheit der Welt am stärksten erweckt, das ist das Unvermittelte, Plötzliche; und wollte man uns befragen, was am besten für die abenteuerliche Jugend des neunzehnten Jahrhunderts zeugt, so würden wir, bei aller Hochachtung für die gewichtigen Errungenschaften der Wissenschaft und Philosophie, zur Antwort geben, daß sie in den Knittelversen eines Busch und in der Literatur des Unsinns zu finden sei. In gewissem Sinne ist es wahr, daß einige der größten Schriftsteller aller Zeiten – wie Aristophanes, Rabelais und Heine – Unsinn geschrieben haben; aber dieser Unsinn, scheint mir, war ein ganz anderer: es war ein satirischer, d. h. ein symbolischer; es war eine Art von übermütigen Kapriolen um eine entdeckte Wahrheit herum. Der Instinkt des Satirikers, der in dem Schnurrbart des deutschen Kaisers etwas Typisches für ihn sieht, und ihn länger und länger zieht, ist ein wesentlich verschiedener vom Instinkt des Spaßmachers, der ohne jeglichen Grund sich ausmalt, wie dieser selbe Schnurrbart sich wohl beim Erzbischof von München-Freising ausnehme, wenn er ihm unversehens hervorwüchse.

Daß wir den Unsinn als eine neue Literatur (man könnte fast sagen: als einen neuen Sinn) beanspruchen, wäre ganz unverantwortlich, wenn der Unsinn nichts anderes wäre als eine ästhetische Laune. Niemals ist ein erhaben künstlerisches Erzeugnis aus der reinen Kunst entblüht, ebensowenig als etwas höchst Vernünftiges aus reiner Vernunft entstand. Jedes große ästhetische Blühen entsteht auf einem reichen moralischen Boden. Das Prinzip des *l'art pour l'art* ist ein sehr gutes Prinzip, wenn es besagen will, daß zwischen der Erde und dem Baum, der seine Wurzeln in der Erde hat, ein wesentlicher Unterschied besteht; es ist jedoch ein sehr schlechtes Prinzip, wenn es besagen will, daß der Baum ebensogut wachsen könnte, wenn seine Wurzeln in der Luft hingen. Jede große Literatur ist stets allegorisch gewesen – allegorisch für eine bestimmte Weltanschauung. Die Ilias ist nur groß, weil alles Leben eine Schlacht ist, die Odyssee, weil alles Leben eine Wanderschaft, das Buch Hiob, weil alles Leben ein Rätsel ist. Die einen stehen dem Leben auf eine Weise gegenüber, die sich in dem Wort »geisterhaft« summieren läßt; die bessere Weise anderer läßt sich in dem Wort »Ein Sommernachtstraum« zusammenfassen. Selbst die trivialsten Melodramen und Kriminalgeschichten können etwas nutz sein, wenn sie etwas von der Lust an unheimlichen Möglichkeiten – etwas von den gesunden Schauern an sich haben, die uns nachts auf einsamen dunklen Wegen überkommen können. Wenn daher Unsinnigkeiten wirklich die Literatur der Zukunft sein sollen, so muß sie ihre eigene Deutung des Kosmos haben; die Welt muß nicht nur das Tragische, Romantische und Religiöse, sie muß auch das Unsinnige sein. Und hier glaube ich, daß der Unsinn auf eine sehr unerwartete Weise sich zu einer geistigen Auffassung der Dinge gesellen wird. Die Religion hat Jahrhunderte hindurch die Menschen angespornt, die »Wunder« der Schöpfung anzustaunen, aber sie ließ gänzlich außer acht, daß etwas Sinnfälliges nicht vollkommen wunderbar sein kann. Solange wir im Baum nichts weiter als einen sinnfälligen Gegenstand erblicken, kann er kein sonderliches Erstaunen in uns erregen. Erst wenn wir in ihm eine unerklärliche Welle des Lebens erblicken, die, man weiß nicht recht warum, aus dem Erdboden zum Himmel emporstrebt, erst dann erfaßt uns

Furcht vor dem Waldhüter. Es hat tatsächlich alles seine zwei Seiten, wie der Mond, der zugleich der Patron des Unsinns ist. So läßt sich der Vogel betrachten wie eine Blüte, die von ihrem Federstengel abfiel, der Mensch wie ein Vierfüßler, der auf seinen Hinterfüßen bettelt, ein Haus wie ein Riesenhut, um ihn vor der Sonne zu schützen, ein Stuhl wie ein Apparat mit vier Füßen für einen Krüppel, der nur auf zwei Füßen steht.

Dies ist jene andere Seite der Dinge, die uns am sichersten zum geistigen Wunder führt. Es ist bezeichnend, daß in dem größten religiösen Dichterwerk, dem Buch Hiob, nicht dasjenige Argument überzeugend auf den Gottlosen wirkt, das die Schöpfung als ein planvoll wohlgeordnetes Werk darstellt, sondern im Gegenteil ein Bild ihrer ungeheuren rätselhaften Sinnlosigkeit entwirft. »Hast du, o Gott, regnen lassen auf die Wüste, wo keine Menschen sind?« Dies naive Staunen über die Gestaltung des Lebens und ihre namenlose Unabhängigkeit von unseren intellektuellen Voraussetzungen und trivialen Definitionen ist die Grundlage des Spiritualismus, wie die Grundlage des Unsinns. Unsinn und Glaube (so ungereimt dies auch klingen mag) sind die zwei stärksten symbolischen Beweise für die Tatsache, daß es ebenso unmöglich ist, das Wesen der Dinge mittels eines Syllogismus zu enträtseln, wie einen Walfisch mittels einer Angel zu fangen. Die gute Seele, welche lediglich die logische Seite der Dinge zu erforschen suchte, und somit zu dem Ergebnis kam, daß »Glaube Unsinn sei«, weiß nicht, wie richtig sie es trifft; vielleicht kommt sie später darauf, daß Unsinn Glaube ist.

Verteidigung der Planeten

Ein Buch unter dem Titel: »Terra Firma: die Erde kein Planet«, erregte vor Jahren meine Aufmerksamkeit. Der Autor war ein gewisser Dr. W. Scott, und er zitierte ganz ernsthaft die Meinungen von einer ganzen Reihe anderer Leute, die uns gänzlich unbekannt, aber offenbar von großer Wichtigkeit waren; ein Herr Beach von Southsea z. B, ist der Meinung, daß die Erde flach ist; und vielleicht ist sie es in Southsea. Ich will hier nicht Herrn Scotts Argumente in ihren Einzelheiten anführen. Diesen Argumenten zufolge läßt sich nämlich die Erde ebensowohl als flach erweisen wie als dreieckig. Ich habe nur einen schwachen Widerstand, wenn einer sagt: Wäre die Erde eine Kugel, so hätten die Katzen nicht vier Beine. Aber sagt er: Wenn die Erde eine Kugel wäre, so hätten die Katzen fünf Beine, so bin ich geschlagen. Aber wie gesagt, die wissenschaftliche Seite seiner merkwürdigen Theorien kümmert mich keinen Augenblick. Mich interessiert hier der Unterschied zwischen einer flachen und runden Erde nur in Beziehung zur Kunst und zur Phantasie. Denn seltsamerweise ist keiner von uns ein wirklicher Kopernikaner in seiner Art und Weise, die Dinge ins Auge zu fassen. Wir sind intellektuell überzeugt, daß wir einen unansehnlichen provinzialen Planeten bewohnen, aber wir fühlen uns nicht im mindesten als Provinzler. So manche Männer der Wissenschaft haben schon mit der Bibel gezankt, weil sie mit dem wahren astronomischen System nicht im Einklang steht; aber die Orthodoxen dürfen sicher dagegen einwenden, daß, wenn dieser Einklang bestanden hätte, er doch niemals irgend jemanden überzeugt haben würde.

Ein einziges Gedicht, oder eine einzige, von dem kopernikanischen Gedanken wirklich durchdrungene Geschichte, wären ein wahrer Alp. Können wir uns eine Berglandschaft in feierlicher Stille und einen in Verzückung emporblickenden Propheten veranschaulichen und gleichzeitig uns vergegenwärtigen, daß dies alles mit höchster Geschwindigkeit wie ein Kreisel im Herumschwirren begriffen ist? Können wir uns einen mächtigen König vorstellen, der einen wichtigen Beschluß zur Verkündigung bringt, und zugleich eingedenk ist, daß er tatsächlich mit dem Kopf nach unten in den leeren Raum hinausragt? Es ließe sich eine gar seltsame Fabel von einem Manne erdichten, der, mit dem Auge des Kopernikus gesegnet oder verflucht, alle Menschen auf bei Erde als einem Magnet zustrebende Eisenstifte sähe. Es wäre kurios, sich vorzustellen, wie sehr verschieden eine aggressive Rede über die Selbstherrlichkeit und Göttlichkeit des Menschen erklänge, wenn man ihn zugleich mit seinen Schuhsohlen am Planeten hängen sähe. Denn, trotz Herrn Scotts Abscheu vor der Newtonschen Astronomie und ihrer Unvereinbarkeit mit der Bibel, liefert die ganze Unterschiedlichkeit ein gutes Beispiel für die Verschiedenheit zwischen Geist und Buchstabe; der Buchstabe des alten Testaments steht im Gegensatz zur Theorie des Sonnensystems, dem Geiste nach aber steht er dieser Lehre sehr nahe. Die Verfasser der Genesis kannten keine Lehre vom Schwergewicht, was der Norm ebenso wichtig erscheinen wird, wie daß sie keine Regenschirme hatten. Dennoch ist in der Lehre der Gravitation ein seltsam biblisches Element enthalten – ein Element der Sicherheit und zugleich Abhängigkeit, ein Ringen nach Einheit, wodurch alle Dinge an einem Faden hängen »Du hast die Welt auf nichts gebaut«, sagte der Autor des Buches Hiob, und in dieser Sentenz ist die ganze furchtbare Poesie der modernen Astronomie enthalten. Das Gefühl der Kostbarkeit und Zerbrechlichkeit des Universums, das Gefühl, daß es von einem Moment zum andern zerstört werden kann, wird uns durch die runde und sich drehende Erde auf das mächtigste zum Bewußtsein gebracht. Herrn Scotts flache Erde wäre das geeignetste Terrain für einen gemütlichen Atheisten. Die alten Juden hätte das Problem, ob gerade aufwärts oder hängend hinunter ziemlich gleichgültig gelassen. Sie hatten keinerlei verdrehte Ansichten, was die Würde des Menschen betraf. Es wäre interessant, sich auszumalen, ob die Welt jemals eine kopernikanische Poesie und eine kopernikanische Ausdrucksweise zeitigen könnte; ob wir jemals von einem »frühen Erdenlauf« statt einem »frühen Sonnenaufgang« reden werden, oder von einem zu den Gänseblümchen Hinauf- und einem zu den Sternen Hinabsehen. Aber wenn es je dazu kommen sollte, so stehen uns wirklich sehr phantastische und monumentale Dinge in Aussicht, wohl geeignet, eine neue Mythologie ins Leben zu rufen. So äußert Herr Scott mit naiver, wenn auch unbewußter Einbildungskraft, daß, den Astronomen zufolge, »das Meer ein großer Berg sei, so und so viele Meilen weit«. Diesen Berg von bewegtem Kristall entdeckt zu haben, in dem die Fische gleich Vögeln sich nisten, ist wie die Entdeckung eines neuen Erdteils: und wohl geeignet, die alte Erde wieder zu verjüngen. In der neuen Poesie, die wir beantragen, werden junge Bergsteiger kräftig die Spitze des Meeres zu erklimmen suchen. Wenn wir uns diese ganze Erde so wie sie ist vergegenwärtigen, so würden wir uns in einem Wunderland befinden und einen neuen Planeten entdecken, im Moment, wo wir unsern eigenen entdecken. Unter all den denkwürdigen Dingen, die wir vergessen haben, ist der universalste und folgenreichste Lapsus der, welcher uns vergessen ließ, daß wir einen Stern bewohnen.

In früheren Zeitaltern folgte der Entdeckung einer naturgeschichtlichen Tatsache sofort deren Vergegenwärtigung als einer poetischen Tatsache. Als der Mensch zu seinem wahren Bewußtsein erwachte und zu erkennen anfing, daß der Himmel blau und das Gras grün ist, wurde ihm diese Erkenntnis alsbald zum Symbol. Das Blau der Himmelsfarbe wurde zum Symbol himmlischer Heiligkeit; das Grün ging in die Sprache über als ein Ausdruck für eine fast an Unverstand grenzende Frische. Wenn uns beschieden wäre, in einer Welt zu leben, in welcher der Himmel grün und das Gras blau wäre, würde die Symbolik eine andere gewesen sein. Infolge irgendeines geheimnisvollen Grundes fand diese Gewohnheit, wissenschaftliche Daten ins Poetische umzusetzen, mit dem Fortschritt der Wissenschaft ein plötzliches Ende, und all die überwältigenden Verkündigungen, die ein Galilei und ein Newton verkündeten, klangen an taube Ohren. Und dennoch malten sie eine Welt, mit der verglichen die Apokalypse mit ihren niederstürzenden Sternen die reine Idylle war. Sie stellten fest, daß wir alle an eine Kanonenkugel geklammert im Saus durch den leeren Raum dahinwirbeln, und die Dichter ignorieren dies, als wäre es eine Bemerkung über das Wetter. Sie teilten uns mit, daß eine unsichtbare Macht uns in unsere Lehnstühle bannt, während die Erde in heftigsten Schwingungen dahinbraust wie ein Bumerang; und trotzdem greifen die Menschen zu verstaubten Akten, um die Barmherzigkeit Gottes zu beweisen. Sie sagen uns, daß Herrn Scotts ungeheuerliche Vision von einem Wellengetürme, das, wie der gläserne Berg aus den Märchenbüchern, zu einem festen Gefüge sich erhebt, tatsächlich existiert, und dennoch greifen wir zu den Märchen zurück. Zu welchen hohen dichterischen Schilderungen würden wir es nicht gebracht haben, wenn wir die Naturgeschichte auch weiterhin poetisch verwertet hätten, und die menschliche Phantasie mit den Planeten ein ebenso natürliches Spiel getrieben Hütte, wie zuvor mit den Blumen! Es wäre uns ein planetarer Patriotismus entstanden, in dem das grüne Blatt die Rolle der Kokarde übernommen hätte, und die See zur immerwirbelnden Trommel geworden wäre. Wir würden stolz sein auf alle die Phasen, durch welche unser Planet sich emporrang, und würden sein Banner in dem blinden Turnier der Sphären pietätvoll aufrechthalten. Dies alles können wir ja jederzeit noch tun; denn bei all unserem angehäuften Wissen ist doch eins, was zum Glück keiner weiß: ob die Welt alt ist oder jung.

Verteidigung der Posse

Ich habe nie begreifen können, warum es gewisse Gattungen der Kunst geben soll, die als etwas Niedriges und Triviales abseits verwiesen werden. Eine Komödie wird als zur »Posse ausartend« bezeichnet; es wäre richtiger, von einer Umwandlung in die Posse zu sprechen; aber was das Ausarten betrifft, so könnte ebensogut von einem Ausarten ins Tragische die Rede sein. Von einer Geschichte heißt es wiederum, sie sei »melodramatisch«, und auch diese Bezeichnung gilt merkwürdigerweise für nicht schmeichelhaft. Etwas »pantomimisch« oder »sensationell« zu nennen, kommt einer beißenden Kritik gleich, weiß der Himmel warum, denn jede künstlerische Leistung ist eine Sensation, und eine gute Pantomime (allerdings gibt es keine) ist die denkbar angenehmste Sensation. »Dies Zeug ist recht für einen Kriminalroman« hört man öfters sagen, wie man etwa sagt, »Dies Zeug ist recht für ein Epos«.

Welches auch die Vorzüge und Fehler dieser Art von Klassifizierung sein mögen, jedenfalls haben sie eine höchst nachteilige Wirkung. Indem diese leichteren und weniger strengen Kunstformen eines höheren Zieles beraubt werden, fehlt ihnen natürlich auch jeder höhere Stolz, so daß sie tatsächlich ebenso schlecht zu werden drohen als sie zu sein gelten. Verwahrloste Kinder einer großen Mutter werden sie, schmutzig und ungebildet, in der Dunkelheit auferzogen, und wenn sie es einmal recht machen, geschieht es sozusagen im Zufall, infolge ihres eigenen Instinktes. Die gewöhnliche Detektivgeschichte mit ihren geheimnisvollen Moritaten scheint dem vernünftigen Leser weiter nichts als ein kurioser Ausblick auf einen Planeten der von gleichartigen Narren bevölkert ist, die die eigene Nasenspitze nicht finden und die Charaktere ihrer eigenen Frauen nicht erforschen können. Die gewöhnliche Pantomime ist uns wie das gräßliche satirische Bild einer Welt ohne Folge noch Ursache, eine Fülle »widerstreitender Atome«, eine in die Länge gezogene geistige Tortur. Die gewöhnliche Posse scheint eine Welt von geradezu kläglicher Trivialität. Dies alles läßt sich nicht leugnen, aber der Fehler liegt an nichts anderem als an der Haltung, die hier eingenommen wird, und die zu Anfang dieses Aufsatzes zitierten Sätze sind für diese Haltung bezeichnend. Ich zweifle nicht, daß andere Gebiete der Kunst ebenso herunter gekommen wären, hät-

ten wir sie von vornherein ebenso sehr verachtet. Wenn wir von
Sonetten in demselben Tonfall gesprochen hätten, wie wir von *Café
chantant*-Liedern reden, so wäre ein Sonett etwas so Fürchterliches
und Sonderbares geworden, daß es fast schade ist, daß wir leine
Probe davon aufweisen können. Hätte es geheißen, daß die Epik
eine Literatur für Kinder und Kinderwärterinnen sei, so würde man
Miltons »Paradies« doch vielleicht unter die Pantomimen verwiesen
haben. Der Titel wäre dann etwa: »Kasperl in der Unterwelt« gewesen. Denn wer ließe sich's angelegen sein, ein Werk zur Vollkommenheit zu bringen, wenn die Vollkommenheit selbst etwas Gro-
teskes ist? Warum sollte Shakespeare den Othello schreiben, wenn
selbst sein Triumph in dem Lobe gipfelte: »Herr Shakespeare taugt
zu Höherem als zum Verfasser von Tragödien?« Die Art, wie man
sich zur Posse und ihren wilderen Abarten stellte, mußte besonders
verhängnisvoll sein. Daß solch hohe und berufene künstlerische
Äußerungen einer so absoluten Nichtachtung verfielen, mag viele
Ursachen haben: ich für meinen Teil bin überzeugt, daß sie infolge
des ungeheuerlichen Mangels an Zuversichtlichkeit und Lebenslust
entstand, die modernen Ästheten so sehr eigen ist, daß selbst die
Revolutionäre (einst die hoffnungsvollste Klasse Menschen) davon
ergriffen wurden, so daß selbst jene, die uns auffordern möchten,
die Sterne ins Meer zu stürzen, nicht überzeugt sind, daß sie dort
besser dran sein werden. Jede literarische Kunstform muß als Symbol für irgendeine Phase des menschlichen Geistes stehen; aber
während eine Phase des menschlichen Lebens an sich selbst genü-
gend überzeugend wirkt, bedarf sie, um zur künstlerischen Äuße-
rung sich zu verdichten, einer gewissen Stilisierung und Schärfe, als
Ersatz für ihre Unwirklichkeit. So kann ein vor seinem Herde einsam sitzender Alter die ganze tragische Größe eines König Lear
oder Père Goriot verkörpern, soll er aber literarisch verwertet werden, so muß er noch etwas anderes tun, als nur vor seinen Herd
hinstarren. Die künstlerische Rechtfertigung der Posse oder Pantomime muß also in den Gemütsbewegungen des Lebens beruhen
und sich dazu verhalten. Und diese sind es, die von dem modernen
Hang, nur die schmerzliche Seite des Lebens hervorzuheben, bis zu
einem fast unglaublichen Grade überboten werden. Der Schmerz,
heißt es, ist das im Leben vorwiegende Element; aber dies ist nur in
einem sehr begrenzten Sinne wahr. Der Schmerz als die schwarze
und furchtbare Seite des Lebens übt eine Anziehungskraft auf den

jugendlichen Künstler aus, genau wie der Schulknabe Teufel und Skelette und Erhängte in seine Schulbücher zeichnet. Aber die Freude ist eine Sache, die viel täuschender und subtiler ist, da sie der Grund ist, warum wir leben, und ein sehr femininer Grund dazu; er ist mit jedem unserer Atemzüge verwoben, mit jeder Tasse Tee, die wir zu uns nehmen. Die Literatur der Freude ist unendlich schwieriger, seltener und triumphierender als die Literatur des Schmerzes, und von allen verschiedenen Formen der Literatur der Freude verdient die sogenannte Posse am meisten hochgehalten und gepflegt zu werden.

Selbst den stillsten Menschen, der am ruhigsten dahin lebt, wird manchmal ein plötzlicher blinder Hunger nach den Möglichkeiten und Unmöglichkeiten des Daseins anwandeln; er wird sich unvermittelt fragen, wie es wäre, wenn die Teekanne plötzlich Salzwasser oder Honig enthielte, wenn die Uhr auf alle Tagesstunden zugleich zeigte, wenn die Kerze grün statt rot zu flammen begönne, und die Türe auf einen See oder ein Kartoffelfeld, statt auf eine Berliner Straße sich öffnete. Wer nun einer solchen namenlosen Anarchie sich angeweht fühlt, den hat zeitweilig der Geist der Posse erfaßt. Wenn Kasperl den Gendarmen mit einem Hiebe entzwei spaltet, so verwirklicht er dabei (wir brauchen deshalb nicht an Schlimmes zu denken) einen unserer Träume. Und diese Qualität der Pantomime wird durch die gemeinplätzige Landschaft und Architektur, welche die Pantomime und Posse kennzeichnen, vortrefflich versinnbildlicht und aufrecht gehalten. Wenn der ganze Vorgang sich in einer fremden Atmosphäre abspielte, wenn ein Birnbaum mit Äpfeln behangen, ein roter Fluß und eine seltsame Fernlandschaft dastünde, so würde die Wirkung eine wesentlich andere sein. Die Gassen und Buden und Rinnsteine der Farce, die dem gewöhnlichen Ästheten so alltäglich erscheinen, find hier in Wahrheit ein Hauptbestandteil der ästhetischen Voraussetzung. Man will hier eine wirkliche moderne Türe sehen, die auf- und zugeht, um fortgesetzt neue Ausblicke zu gewähren; und einen wirklichen Bäcker, dessen Wecken durch die Luft sausen, ohne daß er sie berührt; andernfalls wäre von der ganzen inneren Spannung über diesen geisterhaften Einbruch der Zivilisation, dies plötzliche Auftreten Pucks oder Rübezahls nichts zu verspüren. Wenn die gegenwärtige borniert ästhetisierende Richtung nicht länger maßgebend ist, dann vielleicht wird die Posse wieder zu Ruhm und Ehren gelangen. Wenn die Menschen ihre Häuser längst nicht mehr in grau und grün ausstatten und mit japanischen Rosen dekorieren, werden auch die Ästheten ihre Häuser im Stil der Pantomime erbauen mit Türen, die alle ihre Türklinken und Klopfer nach innen tragen, Treppen, die auf einen Druck hin versinken, und (humoristische) Mahlzeiten, die als »Tischlein deck dich« aus einer Versenkung in die Höhe schweben werden. Jedenfalls wird es ebenso vernünftig sein, unsere Wohnungen und unsere Lebensweise nach dieser Kunstart, wie nach irgendeiner anderen einzurichten. Diese ganze Auffassung der Posse und Pantomime mag unsinnig erscheinen, aber vielleicht sind wir es, die unsinnig sind. Denn nichts in unserer seltsamen transitorischen Epoche kommt so zu kurz, wie die Fröhlichkeit. Selbst die geistreichsten Leute der Gegenwart, wenn sie etwas Komisches zu schreiben unternehmen, tun es unter der falschen und deteriosierenden Voraussetzung, daß die komische Literatur irgendwie zur oberflächlichen zählt. Wenn wir aber aus einer Aufführung des »Sommernachtstraumes« kommen, fühlen wir uns ebenso erhoben, wie nach einer Aufführung des »König Lear«. Denn die Freudigkeit dieser Werke ist älter als der Schmerz, ihre Tollheit ist gesünder als Weisheit, ihre Liebe stärker als der Tod. Die alten Meister dieser gesunden Tollheit: Aristophanes, oder Rabelais oder Shakespeare hatten wahrscheinlich manche Reibereien mit den Aszeten und Rigoristen ihrer Zeit, aber vor ehrlicher Sittenstrenge und Aszese hatten sie sicherlich Respekt. Aber mit welch schneidendem Hohn, mit welch unerhörtem Gespött würden sie jene ästhetischen Typen und Richtungen verfolgen, welche die Unmoralität zum Schild erhoben, und nicht einmal ihr Vergnügen dabei fanden, unsinnig waren, ohne es bis zum Übermut zu bringen, Narrenkappen aufsetzten, die ohne Schellen waren.

Verteidigung der Demut

Wer heutigestags eine der Kardinaltugenden zu verteidigen unternimmt, der wird mit einem Ergötzen vernommen, als handelte es sich um ein Laster. Moralische Gemeinplätze sind so viel angezweifelt wurden, daß sie zu sprühen anfingen wie glänzende Paradoxe. Vollends in unserer Zeit der Verherrlichung des Ego hat einer, der zugunsten der Demut spricht, etwas unbeschreiblich – Gaunerhaftes. Ich will hier nicht aus praktischen Gründen die Demut verteidigen. Praktische Gründe sind uninteressant, obwohl sich auch aus praktischen Gründen die Demut mächtig empfiehlt. Wir wissen alle, daß die »göttliche Glorie des Ego« eine soziale Plage ist; wir schätzen alle unsere Freunde um ihrer Bescheidenheit, Einfachheit und Gemütlichkeit willen. Was immer unsere Gründe sein mögen, wir haben alle eine lebhafte Anerkennung und Sympathie für die Demut – anderer Leute.

Aber wir müssen hier der Sache tiefer auf den Grund sehen. Wenn die Demut nur aus sozialen Gründen befürwortet würde, so könnte der Fall sehr wohl anders liegen, und die Egoisten sich als die edlen Märtyrer und Kämpfer um ein höheres Ideal herausstellen. Es ließe sich hier ein recht annehmbarer Schluß aus ihrer verhältnismäßig geringen Weitläufigkeit ziehen.

Aber bei einer Betrachtung der Demut muß vor allen Dingen eine ewige und rein innerliche Seite ins Auge gefaßt werden. Die neue Philosophie der Selbstwertung und Selbstbehauptung erklärt die Demut als ein Laster. Wenn dem so ist, dann geht unleugbar hervor, daß sie zu jenen Lastern gehört, die ein unlöslicher Bestandteil der Erbsünde sind. Klipp und klar gehen alle großen Freuden des Daseins daraus hervor. So ist keiner noch verliebt gewesen, ohne eine wahre Orgie der Demut zu feiern. Alle temperamentvollen und natürlichen Leute kosten die Demut schon als Schulknaben aus, vom Moment an, wo sie anfangen, sich für einen Helden zu interessieren. Die Demut wird sowohl von den Freunden wie von den Feinden des Christentums als eine ganz spezifisch christliche Qualität hervorgehoben; nur wird der wahre und einleuchtende Grund hierfür des öfteren übersehen. Die Heiden optierten für eine starke Behauptung des eigenen Selbst, weil es zur Wesenheit ihres Glaubens gehörte, daß sie die Götter zwar für gerecht und stark, aber auch für flüchtig, launisch und gleichgültig hielten. Aber das Wesen des Christentums war im buchstäblichen Sinne das Neue Testament – ein Bund mit Gott, der dem Menschen klare Aussicht auf eine Befreiung erschloß. Sie fühlten sich gedeckt: da forderten sie denn Paläste aus Perlen und Silber unter dem Schwur und Siegel des »Allmächtigen«; sie erachteten sich als durch eine unwiderrufliche Verheißung befugt, über die Sterne erhoben zu werden, und gleichzeitig entdeckten sie die Demut. So wurde nur ein neues Beispiel desselben unabänderlichen Paradoxes gestellt. Es sind stets die Sicheren, die Selbstbewußten, welche die Demütigen sind.

Wir sehen es an den Fanatikern, die den evangelischen Gedanken auf offener Straße perpetuieren. Sie sind ja ärgerlich genug, aber keiner, der sie wirklich beobachtete, wird leugnen können, daß sie aus zweierlei Gründen Ärgernis erregen: ihrer ärgerlichen Heiterkeit und ihrer ärgerlichen Demut halber. Diese Vereinigung von Freudigkeit und Zerknirschung ist zu universal, als daß man sie übersehen könnte. Wenn die Demut heutigestages in ihrer Eigenschaft als Tugend in Mißkredit verfiel, so ist die Bemerkung nicht ganz unstatthaft, daß dieser Mißkredit zur selben Zeit fühlbar wurde, wie eine starke Abnahme der Freudigkeit in der Literatur und der Philosophie. Die Menschen sind zur stolzen Selbstbehauptung des antiken Griechen zurückgekehrt und gleichzeitig zur Bitterkeit des griechischen Pessimismus. Es trat eine Literatur ins Leben, die uns ein göttliches Selbstbewußtsein zum Gebote machte, und gleichzeitig die Menschen als jämmerliche Tollhäusler darstellte, die wie Hunde an die Kette gelegt zu werden verdienen. Sicherlich eine merkwürdige Sachlage: wenn wir von Herzen froh sind, glauben wir des Glückes nicht würdig zu sein; optieren wir aber für eine göttliche Emanzipation unseres Ichs, so scheinen wir ganz überzeugt zu sein, daß wir durchwegs wertlose Exemplare sind.

Die einzige Erklärung, die es da geben kann, ist, daß die Demut ungleich viel tiefere Wurzeln hat als die Modernen ahnen; daß sie eine metaphysische, ja fast mathematische Tugend zu nennen ist. Dies zeigt sich am besten, wenn wir diejenigen beobachten, die sich offen nun der Demut ablehren und als oberste Tugend die Behauptung und umgehemmte Entfaltung des eigenen Ichs ausrufen. Diese Leute streben ganz natürlich nach einer möglichst großen Vervollkommnung ihrer angeborenen geistigen Gaben, und entziehen sich allem, was sie unter sich fühlen. Nun kann es mit dem Sich-Entziehen sehr wohl seine Richtigkeit haben, es ergibt sich aber daraus, daß allem, dem wir uns entziehen, wir auch selbst entzogen bleiben. Wenn wir die Türe vor dem Winde zuschlagen, so wäre es ebenso zutreffend, zu sagen, daß der Wind uns die Türe zuschlug. Welches immer die Tugenden sind, denen ein triumphierender Egoismus uns zutreibt, so ließe sich doch keineswegs vernünftigerweise behaupten, daß er einer größeren Erkenntnis zutreibt. Einen Bettler vor die Türe setzen, mag wohl berechtigt sein, aber vorzugeben, daß man all die Geschichten weiß, die der Bettler vielleicht zu erzählen hätte, ist barer Unsinn; und dies ist tatsächlich der Anspruch, den ein Egoismus erhebt: er vermeint, durch Selbstbehauptung wissend zu werden. Ein Käfer mag oder mag uns nicht inferior sein – aber wenn er es tausend und abermaltausend wäre, so bleibt die Tatsache, daß es wahrscheinlich eine Käferauffassung der Angelegenheit gibt, von der wir ewig nichts erfahren können. Wenn einer diese Auffassung ergründen will, wird es niemals dadurch geschehen, daß er hartnäckig sich brüstet, kein Käfer zu sein. Nietzsche, der glänzendste Vertreter der egoistischen Schule, hat mit todsicherer Logik und ehrenvoller Wahrheitsliebe zugestanden, daß die Philosophie des Selbstgenügens dazu führte, auf den Schwächlichen, Feigen und Unwissenden herabzusehen. Das Herabsehen mag ja eine sehr ergötzliche Beschäftigung sein, nur gibt es nichts, von einem Bergesgipfel bis zu einem Krautkopf, das man von einem Luftschiff aus wirklich sähe. Der egoistische Philosoph kann von himmlischen, verklärten Höhen aus sehen, nur sieht er es auch verkürzt oder verunstaltet.

Gesetzt, es wollte einer wirklich, so weit nur möglich, alles sehen wie es ist, so würde er sicherlich nach einem anderen Grundsatz verfahren. Er würde trachten, sich zeitweilig von all den persönlichen Eigenheiten loszulösen, die ihn von dem Gegenstand seines Studiums entfernen. Wenn wir einen Fisch genau studieren wollen, dürfen wir dabei nicht stolz an unsere Füße denken, als wären sie das Allerhöchste persönlichen Schmuckes. Der ernsthafte Forscher einer Fischmoral wird – im geistigen Sinne – seine Beine abstreifen. So wird der Vogelliebhaber seine Arme eliminieren; der Froschliebhaber wird seiner Zähne uneingedenk sein, und wer all die Hoffnungen und Ängsten der Qualle ergründen will, wird seine persönliche Erscheinung bis zu einem beängstigenden Grade einschränken müssen. Es ist, als ob dieser unser imposanter Körper, auf den wir mit Recht stolz sind, uns eher im Wege wäre, vom Moment an, wo wir die Dinge wirklich so einschätzen wollen, wie sie tatsächlich sind und es vollzieht sich in uns ein Prozeß geistiger Aszese, eine Kastration unseres ganzen Wesens, wenn wir in die Fülle aller Dinge eindringen wollen. Es kann uns nur dienlich sein, wenn wir die Fähigkeit erlangen, manchmal nur mehr wie ein Fenster zu sein – so klar, so durchsichtig und so unsichtbar.

In einem sehr amüsanten Kinderbuch steht der Satz, daß ein Punkt keinen Raum einnimmt und in keine Teile zerfällt. Die Demut ist jene luxuriöse Kunst, sich selbst zu einem Punkt zu reduzieren, nicht zu einem großen oder kleinen Ding, sondern zu einem Ding, das überhaupt des Umfangs entbehrt, so daß, zu ihm gehalten, alle kosmischen Dinge das sind, was sie wirklich sind – von maßloser Größe. Daß die Bäume hoch sind und das Gras kurz, ist reiner Zufall; es gilt nur in bezug auf unseren eigenen Maßstab. Aber für den, welcher auch nur einen Augenblick dieses müßigen Maßstabes sich entledigen konnte, wird das Gras zum ewigen Wald, die Meilensteine der Landstraßen zu rätselhaften Bergen; die Kuhblumen werden zu gigantischen, weithin leuchtenden Freudenfeuern, und die Maßliebchen auf ihren Stengeln zu Himmelssternen, einer den anderen überragend. Zwischen einem Zaunpfahl und dem nächsten sind neue erschreckende Landschaften: hier eine Wüste, die nichts anderes enthält als einen mißgestalteten Felsen; hier ein wunderbarer Wald, dessen Bäume leuchtende Kronen mit allen Farben des Sonnenunterganges tragen; dort wieder eine See voll von Ungeheuern, wie ein Dante nicht gewagt hätte, sie zu erträumen. Das sind die Visionen desjenigen, der, wie das Kind im Märchenbuch, sich vor dem Kleinsein nicht fürchtet. Der andere Weise indes, dem Ehrgeiz und Größe als Richtschnur dienen, gleicht einem Riesen, der immer größer und größer wird, was nur so viel heißen will, als daß die Sterne immer kleiner und kleiner werden, Eine Welt nach der anderen zerrinnt ihm: das leidenschaftliche verworrene Leben der »Alltäglichen« geht ihm verloren, wie das Leben der Infusorien dem unkenntlich bleibt, der sie ohne Mikroskop beschaut. Er wandelt durch öde Ewigkeiten hin. Er mag neue Systeme gründen und sie vergessen! er mag neue Welten entdecken und sie wieder verwerfen. Aber die türmende und glühende Vision, wie sie wirklich sind: die gigantischen Maßliebchen, der feurige Löwenzahn, die ganze Odyssee seltsam farbiger Ozeane und phantastischer Bäume, – diese ganze ungeheure Vision wird zerrinnen mit dem letzten demütigen Menschen.

Verteidigung unüberlegter Gelübde

Wenn ein wohlgestellter, moderner Mensch mit Zylinder und Gehrock sich vor allen seinen Angestellten und Freunden verpflichten würde, die Blätter auf jedem dritten Baum Unter den Linden zu zählen, auf einem Bein jeden Donnerstag in die Stadt zu hüpfen, Kants ganze »Kritik der reinen Vernunft« sechsundsiebzigmal zu wiederholen, dreihundert Löwenzähne auf Feldern zu sammeln, die irgend einem des Namens Schulze gehören, einunddreißig Stunden lang sein linkes Ohr mit der rechten Hand zu stützen, die Namen all seiner Tanten dem Alter nach von einem Omnibus herunter zu singen oder sonst etwas derartig Ungewöhnliches zu unternehmen, würden wir sofort schließen, daß der Mensch toll wäre, oder wie man es manchmal ausdrückt, daß er ein »Lebenskünstler« wäre. Und doch sind diese Gelübde nicht außerordentlicher als die Gelübde, die im Mittelalter und in ähnlichen Perioden getan wurden, nicht allein von Fanatikern, sondern von den bedeutendsten Gestalten bürgerlicher und nationaler Zivilisation – von Königen, Richtern, Dichtern und Priestern. Einer gelobte, zwei Berge zusammenzuketten, und die große Kette, heißt es, hing da durch Menschenalter als Denkmal rätselhafter Narrheit, Ein anderer gelobte, mit verbundenen Augen seinen Weg nach Jerusalem finden zu können und starb auf der Suche dahin. Es ist nicht leicht, einzusehen, daß diese beiden Heldentaten, von einem streng rationellen Standpunkt beurteilt, irgendwie vernünftiger sind als die oben angedeuteten Handlungen. Ein Berg ist meistens ein feststehendes und zuverlässiges Objekt, das nicht angebunden werden muß des Nachts wie ein Hund. Und es ist auf den ersten Blick nicht leicht einzusehen, daß ein Mensch der Heiligen Stadt eine große Ehre erweist, wenn er unter Bedingungen aufbricht, die es im letzten Grade unwahrscheinlich machen, daß er jemals dahin gelangen wird.

Doch dabei muß eine auffallende Tatsache berücksichtigt werden. Wenn Menschen in unserer Zeit sich so betragen wollten, würden wir sie, wie gesagt, als »Dekadenzerscheinungen« betrachten. Aber die Menschen, die solche Dinge taten, waren nicht dekadent. Sie gehörten meist zu den kräftigsten Menschen einer Zeit, die allgemein als Kraftperiode gilt. Wieder wird man behaupten, wenn vollkommen normale Menschen solche Verrücktheiten aufführten, so geschah es nach dem eigensinnigen Geheiß eines abergläubischen Religionssystems. Auch das ist nicht stichhaltig; denn in den rein irdischen, in selbst sinnlichen Bezirken des Lebens, wie Liebe und Lust, zeigen die mittelalterlichen Prinzen die gleichen tollen Versprechungen und Taten, die gleiche, mißgestaltete Phantasie und die gleich erstaunliche Selbstaufopferung. Hier haben wir einen Widerspruch, zu dessen Erklärung wir das ganze Wesen der Gelübde von Anfang an durchdenken müssen. Und wenn wir ernstlich und richtig das Wesen der Gelübde überlegen, werden wir, wenn mich nicht alles trügt, zu dem Schluß kommen, daß ein Gelübde, Berge aneinanderzuketten, ganz normal, ja verständlich ist, und daß, wenn Verrücktheit überhaupt im Spiel ist, es ein bißchen verrückt ist, nicht so zu handeln.

Der Mensch, der ein Gelübde tut, trifft eine Vereinbarung mit sich für irgendeinen fernen Zeitpunkt oder Ort. Die Gefahr liegt darin, die Vereinbarung mit sich selbst nicht zu halten. Und in neuerer Zeit hat diese Angst vor sich selbst, vor der Schwäche und Veränderlichkeit des Ichs, erschreckend zugenommen und ist der wahre Grund für einen Einwand gegen Gelübde jeder Art. Ein moderner Mensch hält sich zurück von dem Gelübde, die Blätter jedes dritten Baums Unter den Linden zu zählen, nicht weil es dumm wäre, so zu handeln – er tut viel dümmere Dinge –, sondern weil er die feste Überzeugung hat, ehe er zu dem dreihundertundneunundsiebzigsten Blatt auf dem ersten Baume käme, würde er die Sache gründlich satt haben und nach Hause zum Tee gehen wollen. Mit anderen Worten, wir fürchten, daß er um diese Zeit nach der landläufigen, aber gräßlich treffenden Phrase *ein andrer Mensch* sein würde. Dieses schauerliche Märchen von dem Menschen, der sich immer in einen andern Menschen verwandelt, ist die Seele der Dekadenz. Daß Laurenz Steinmüller dem mit sichtlicher Ruhe entgegenblicken sollte, am Montag ein General Kirchner, ein *Dr.* Farussi am Dienstag, Walter von Stubenrauch am Mittwoch und Max Schicketanz am Donnerstag zu sein, mag wie ein Alp erscheinen; aber diesem Alpdrücken geben wir den Namen: moderne Kultur. Ein großer Dekadent, der jetzt tot ist, veröffentlichte ein Gedicht, in dem er den ganzen Geist der Bewegung bedeutsam zusammenfaßte durch die Erklärung, daß er im Gefängnishof stehen und vollkommen die Gefühle eines Mannes, der gehängt werden solle, begreifen könne:

»Denn wer das Leben vieler lebt,
stirbt öfter als einmal.«

Und das Ende von all dem ist jener verrücktmachende Schauder der Unwirklichkeit, der die Dekadenten überkommt und im Vergleich zu dem selbst physischer Schmerz etwas jugendlich Frisches haben würde. Die höllischeste Hölle, die sich die Phantasie ausmalen könnte, ist ewig Theaterspielen ohne das kleinste und schmutzigste Garderobenzimmer, in dem man Mensch sein kann. Und das ist die Lage des Dekadenten, des Ästheten, des Apostels der freien Liebe. Immerwährend Gefahren durchmachen, von denen wir wissen, sie schaden uns nicht, Eide nehmen, von denen wir wissen, sie binden uns nicht, gegen Feinde kämpfen, von denen wir wissen, sie besiegen uns nicht – das ist die grinsende Tyrannei der Dekadenz, die Freiheit heißt.

Betrachten wir den Gelübde-Tuer wieder. Der Mensch, der einen weiß Gott wie wilden Schwur tat, lieh der Größe eines großen Augenblicks gesunden und natürlichen Ausdruck. Er gelobte beispielsweise zwei Berge zusammenzuketten, vielleicht das Symbol einer großen Erlösung oder Liebe oder Sehnsucht. Wie kurz auch der Augenblick seines Entschlusses gewesen sein mochte, er war, wie alle großen Augenblicke, ein Augenblick der Unsterblichkeit, und das Verlangen von ihm: exegi monumentum aere perennius zu sagen, war die einzige Empfindung, die seiner Vorstellung genügen konnte. Der moderne ästhetische Mensch würde natürlich die günstige Gelegenheit zur Emotion leicht einsehen; er würde geloben, zwei Berge zusammenzuketten. Aber dann würde er ebenso heiter geloben, die Erde an den Mond zu ketten. Und das vernichtende Bewußtsein, daß er nicht meinte, was er sagte, daß er, in Wahrheit, nichts sagte von irgendwelcher Bedeutung, würde ihm gerade den Sinn einer verwegenen Aktualität nehmen, die der Antrieb eines Gelübdes ist. Denn was könnte einen mehr entrüsten als ein Dasein, in dem unsere Mutter oder Tante die Nachricht, wir wären im Begriffe, den König zu morden oder auf dem Groß-Glockner einen Tempel zu bauen, mit der heitern Gemütsruhe der Gewohnheit hinnähme?

Der Aufruhr gegen Gelübde hat sich in unsern Tagen sogar bis zu einem Aufruhr gegen das typische Ehegelübde gesteigert. Es ist sehr unterhaltsam, die Ehegegner über dieses Kapitel sprechen zu hören. Sie scheinen sich einzubilden, daß das Ideal der Treue ein Joch war, das heimlich vom Teufel der Menschheit auferlegt wurde, indes es ja tatsächlich ein – Joch ist, das alle Liebhaber beständig sich selbst auferlegen. Sie haben eine Parole erfunden, eine Parole, die eine Schwarz-weiß- contradictio in zwei Worten ist – »Freie Liebe« – als ob Liebhaber je frei gewesen wären oder es sein könnten. Es ist die Natur der Liebe, sich selbst zu binden, und die Einrichtung der Ehe erwies nur dem Durchschnittsmenschen die Ehre, ihn beim Wort zu nehmen. Moderne Weise bieten dem Liebhaber mit üblem Grinsen die größten Freiheiten und die vollste Unverantwortlichkeit an; aber sie achten ihn nicht, wie ihn die alte Kirche achtete; sie schreiben seinen Eid nicht an die Himmel als Urkunde seines höchsten Augenblicks. Sie geben ihm jede Freiheit mit Ausnahme der Freiheit, seine Freiheit zu verkaufen, welche die einzige ist, die er braucht.

In Bernard Shaws glänzendem Stück »Der Liebhaber« haben wir ein lebendiges Bild von diesem Stand der Dinge. Charteris ist ein Mann, der sich andauernd Mühe gibt, ein freier Liebhaber zu sein, was dem Bemühen gleichkommt, ein verheirateter Junggeselle oder ein weißer Neger zu sein. Er wandert in hungrigem Suchen nach einem gewissen Frohsinn, den er bloß haben kann, wenn er den Mut hat, vom Wandern abzulassen. In alten Zeiten wußten die Menschen besser Bescheid – in der Zeit beispielsweise von Shakespeares Helden. Wenn Shakespeares Menschen wirklich unverheiratet sind, preisen sie die unzweifelhaften Vorteile der Ehelosigkeit, Freiheit, Unverantwortlichkeit, eine Möglichkeit beständiger Veränderung. Aber sie waren nicht solche Narren, das Reden über Freiheit fortzusetzen, wenn sie sich in einer Lage befanden, daß ihr Glück und Unglück vom Brauenfurchen irgendeines andern abhing. Suckling reiht Liebe zur Schuld in seinem Lob der Freiheit.

> »Und wer den Beiden heil entging,
> der ist vor aller Welt beglückt.
> Er lebt, wie in der goldnen Zeit,
> wo jeder jedes haben kann.
> Er nimmt die Pfeife, nimmt sein Glas
> und hat nicht Angst vor Weib noch Mann.«

Das ist eine vollkommen mögliche, vernünftige und menschliche Stellung. Aber was haben Liebhaber mit lächerlichen Affektiertheiten zu tun, weder Weib noch Mann zu fürchten? Sie wissen, daß im Handumdrehen die ganze Weltmaschine bis zum fernsten Stern ein Musikinstrument oder ein Folterinstrument werden kann. Sie hören ein Lied, älter als Sucklings seines, das hundert Philosophien überlebt hat. »Wer ist, die hervorbricht wie die Morgenröte, schön wie der Mond, auserwählt wie die Sonne, schrecklich wie die Heersspitzen?«

Wie wir gesagt haben: Gerade dieses Hintertürchen ist es, dieses Gefühl einer Rückzugsmöglichkeit, das für unser Denken der sterilisierende Geist modernen Vergnügens ist. Überall wird der hartnäckige und unsinnige Versuch gemacht, Vergnügen zu erlangen, ohne dafür zu zahlen. So sprechen in der Politik praktisch genommen die modernen Jingoes: »Laßt uns die Freuden der Eroberer haben ohne die Leiden der Soldaten; laßt uns auf Sofas sitzen und eine abgehärtete Rasse sein«. So sprechen in Religion und Moral die dekadenten Mystiker: »Laßt uns den Duft der heiligen Reinheit haben ohne die Qualen der Kasteiung; laßt uns abwechselnd der Mutter Gottes und dem Priapus Hymnen singen«. So sprechen in der Liebe die freien Liebhaber: »Laßt uns den Glanz haben, uns zu opfern, ohne die Gefahr uns bloßzustellen; laßt uns sehen, ob man nicht Selbstmord unzählig oft begehen kann«.

Mit Nachdruck: es wird nichts nützen. Es gibt ohne Zweifel erschütternde Augenblicke für den Zuschauer, den Amateur und den Ästheten; aber es gibt eine Erschütterung, die nur der Soldat kennt, der für seine eigne Fahne kämpft, nur der Ästhet, der für seine eigne Erleuchtung verhungert, der Liebhaber, der schließlich seine eigne Wahl trifft. Und diese umwandelnde Selbstsucht ist es, die aus dem Gelübde etwas wirklich Gesundes macht. Es muß selbst den Riesenhunger der Seele eines Liebhabers oder Dichters gesättigt haben, zu wissen, daß als Folge irgendeines plötzlichen Entschlusses jene seltsame Kette durch Jahrhunderte in den Alpen hängen würde, im Schweigen der Sterne und des ewigen Schnees. Um uns ist die Stadt der kleinen Sünden, voll Hintergäßchen und Schlupfwinkeln, aber sicherlich, früher oder später, wird die turmhohe Flamme vom Hafen schlagen, zu verkünden, daß die Herrschaft der Memmen um ist, und ein Mensch seine Schiffe verbrennt.

Verteidigung von Gerippen

Vor einiger Zeit stand ich unter uralten englischen Bäumen, die in die Steine zu ragen schienen wie Sprößlinge der Yggdrasill. Wie ich unter diesen lebendigen Säulen wandelte, ward ich allmählich gewahr, daß die Bauern, die im Schatten dieser Bäume lebten und starben, einen sehr merkwürdigen Gesprächston anschlugen. Sie schienen sich beständig der Bäume wegen zu entschuldigen, als ob die ein recht armseliges Schauspiel böten. Nach gründlicher Untersuchung entdeckte ich, daß ihr düsterer und reuiger Ton von der Tatsache herrührte, daß es Winter war und alle Bäume kahl waren. Ich versicherte ihnen, die Tatsache, daß es Winter wäre, nicht übel zu nehmen, ich wüßte, die Geschichte hätte sich auch früher ereignet, und keine Vorsorge ihrerseits Hütte diesen Schicksalsschlag abwenden können. Auf keine Weise aber konnte ich sie mit der Tatsache aussühnen, daß es Winter *war*. Man hatte offenbar allgemein das Gefühl, ich hätte die Bäume in einer Art schändlichem Hauskleid überrascht, und daß sie nicht besichtigt werden sollten, bis sie sich wieder, wie die ersten sündigen Menschen, mit Blättern bedeckt hätten. So ist es ganz klar: wahrend anscheinend nur sehr wenig Leute wissen, wie Bäume im Winter aussehen, die wirtlichen Forstleute wissen erst recht wenig davon. Weit entfernt, daß die Linie des Baumes, wenn er kahl ist, rauh und streng erscheint, ist sie ganz ungewöhnlich undefinierbar; die Franse des Waldes zerschmilzt wie eine abgeblendete Photographie. Die Wipfel zweier oder dreier hoher Bäume sind, wenn sie kahl sind, so weich, daß sie ausschaun wie die Riesenbesen jenes Märchenfräuleins, das die Spinnweben vom Himmel wegkehrte.

Die Kontur eines belaubten Waldes ist im Vergleich hart, grob und klecksig; die Wolken der Nacht verdunkeln den Mond gewiß nicht mehr, als jene grünen und ungeheuerlichen Wolken den Baum verdunkeln; das wahre Gesicht des kleinen Waldes, mit seinem grausilbernen See des Lebens, ist ganz und gar eine Wintererscheinung. So matt und zart ist das Herz der Wälder im Winter, eine Art glitzernden Dämmerns, daß eine Gestalt, die im kreuzstreifigen Zwielicht auf uns zuschreitet, aussieht, als ob sie aus unergründlichen Tiefen von Spinnweben durchbräche.

Aber sicherlich ist die Vorstellung, daß der Hauptreiz eines Baumes seine Blätter sind, ebenso vulgär wie die Vorstellung, daß der Hauptreiz eines Pianisten seine Haare sind. Wenn der Winter, dieser gesunde Aszet, sein Riesenmesser über Hügel und Täler führt und alle Bäume wie Mönche rasiert, fühlen wir sicher, daß sie geschoren um so mehr Bäume sind, gerade wie so viele Maler und Musiker um so mehr Menschen sein würden, wenn sie weniger wie Flederwische wären. Aber es muß wohl eine tiefe und wesentliche Schwierigkeit sein, daß Menschen einen bleibenden Schauder vor ihrer eignen Struktur haben oder der Struktur von Dingen, die sie lieben. Das fühlt man dunkel beim Gerippe des Baums: das fühlt man überwältigend beim Gerippe des Menschen.

Die Bedeutung des menschlichen Gerippes ist sehr groß, und das Entsetzen, mit dem man es gewöhnlich anschaut, ist etwas rätselhaft. Ohne für das menschliche Gerippe eine ganz konventionelle Schönheit zu beanspruchen, dürfen wir wohl behaupten, daß es gewiß nicht häßlicher ist als ein Bullenbeißer, dessen Popularität niemals schwindet, und daß es einen weit heitereren und einschmeichelnderen Gesichtsausdruck hat. Aber genau wie sich der Mensch rätselhafterweise vor den Gerippen der Bäume im Winter schämt, so schämt er sich rätselhafterweise seines eignen Gerippes im Tode. Es ist überhaupt etwas Eigenes, dieses Entsetzen vor der Architektur der Dinge. Man sollte meinen, es wäre ganz unklug von einem Menschen, sich vor einem Gerippe zu fürchten, da die Natur sorgfältige und ganz unüberwindliche Hindernisse seinem Weglaufen davor entgegengestellt hat.

Ein Grund für dieses Entsetzen besteht: eine wunderliche Vorstellung hat die Menschheit angesteckt, daß das Gerippe für den Tod vorbildlich sei. Ein Mensch könnte ebensogut sagen, daß ein Fabrikschlot vorbildlich für einen Bankrott wäre. Die Fabrik mag nackt zurückbleiben nach dem Ruin, das Gerippe mag nackt zurückbleiben nach der körperlichen Auflösung; aber beide von ihnen hatten ihr eigenes lebendiges und arbeitsrühriges Leben, alle Kloben kreischten, alle Räder drehten sich im Haus des Lebensunterhaltes wie im Haus des Lebens. Es gibt keinen Grund, warum dieses Geschöpf (neu, wie mich dünkt, für die Kunst), das lebendige Gerippe, nicht zum Hauptsymbol des Lebens werden sollte.

Die Wahrheit ist, daß des Menschen Entsetzen vor dem Gerippe durchaus nicht das Entsetzen vor dem Tod ist. Es ist des Menschen ungewöhnlicher Ruhm, daß er, allgemein gesprochen, gar nichts gegen das Totsein hat, aber sehr ernstlich dagegen protestiert, ohne Würde zu sein. Und das Wesentliche, das ihn am Gerippe quält, ist die Mahnung, daß der Grundriß seiner Erscheinung schamlos grotesk ist. Ich weiß nicht, warum er dagegen Einspruch erheben sollte. Zufrieden nimmt er seinen Platz in einer Welt ein, die nicht vorgibt, anmutig zu sein – einer lachenden, arbeitenden, spottenden Welt. Er sieht Millionen von Tieren mit einer ganz dandyhaften Leichtigkeit die ungeheuerlichsten Formen und Auswüchse tragen, die alleralbernsten Hörner, Flügel und Beine, wenn sie zum Nutzen notwendig sind. Er sieht die Gutmütigkeit des Frosches, das unerklärliche Glück des Nilpferds. Er sieht ein ganzes Weltall, das lächerlich ist, vom Infusorium, mit einem für seinen Körper zu großen Kopf, bis zum Kometen, mit einem für seinen Kopf zu großen Schwanz. Aber wenn es zu der entzückenden Absonderlichkeit seiner eigenen Innenseite kommt, verläßt ihn sein Sinn für Humor ziemlich plötzlich.

Im Mittelalter und in der Renaissance (in gewissen Zeiten und Beziehungen eine viel dunklere Periode) hatte diese Vorstellung vom Gerippe einen weitreichenden Einfluß, den Stolz aus allem irdischen Pomp und den Duft aus allen flüchtigen Freuden herauszufrieren. Aber es war sicherlich nicht die bloße Furcht vor dem Tod, die das bewirkte; denn das waren Zeiten, in denen die Menschen singend dem Tod entgegengingen. Es war die Vorstellung von der Erniedrigung des Menschen zur grinsenden Häßlichkeit seiner Struktur, die die jugendliche Unverschämtheit von Schönheit und Stolz vernichtete. Und darin wirkte sie beinahe gewiß mehr Gutes als Übles. Es gibt nichts so Kaltes und Mitleidsloses wie Jugend, und Jugend in aristokratischen Milieus und Zeiten neigte zu einer unfehlbaren Würde, einem endlosen Sommer von Erfolg, der sehr eindringlich an den Hohn der Gestirne gemahnt werden mußte. Es war gut, solchen selbstzufriedenen Lassen zur Überzeugung zu bringen, daß *ein* wohlpraktizierter Ulk sie zu guter Letzt umkegeln würde, daß sie in *eine* grinsende Menschenfalle stürzen würden und nicht wieder aufstehn. Daß die ganze Struktur ihrer Existenz ebenso gesund lächerlich war wie die eines Schweins oder Papageis: sich das zu vergegenwärtigen, konnte man von ihnen nicht erwarten; daß die Geburt humoristisch war, das Mündigwerden humoristisch, das Trinken und Fechten humoristisch war, dazu waren sie viel zu jung und feierlich, um das zu wissen. Aber zuletzt ward ihnen gelehrt, daß der Tod humoristisch war.

Es ist die merkwürdige Idee verbreitet, daß der Wert und Zauber dessen, was wir Natur nennen, in ihrer Schönheit liege. Aber die Tatsache, daß die Natur schön ist in dem Sinne, in dem eine Bordüre oder ein Liberty-Vorhang schön ist, macht nur einen ihrer Reize aus und beinahe einen zufälligen. Die höchste und wertvollste Eigenschaft an der Natur ist nicht ihre Schönheit, sondern ihre kühne und herausfordernde Häßlichkeit. Man mag hundert Beispiele nehmen. Der krächzende Lärm der Krähen ist an sich ebenso scheußlich wie der ganze Höllenspektakel in einem Londoner Eisenbahntunnel. Und doch erhebt er uns wie eine Trompete mit seiner rohen Freundlichkeit und Ehrlichkeit, und der Liebhaber in Tennysons »Maud« könnte sich tatsächlich einreden, daß dieser abscheuliche Lärm dem Namen seiner Geliebten ähnle. Hat der Poet, dem Natur nur Rosen und Lilien bedeuten, jemals ein Schwein grunzen gehört? Das ist ein Lärm, der einem Menschen wohltut – ein starker, schnaubender, eingesperrter Lärm, der einen Weg aus unergründlichen Kerkern durch jedes mögliche Schlupfloch und Organ bricht. Es könnte die Stimme der Erde selbst sein, schnarchend in ihrem gewaltigen Schlafe. Darin liegt der tiefste, der älteste, der gesündeste und religiöseste Sinn vom Wert der Natur – dem Wert, der von ihrer ungeheuren Kindlichkeit ausgeht. Sie ist so wacklig, so grotesk, so feierlich und so glücklich wie ein Kind. Es gibt eine Stimmung, wo wir all ihre Formen wie Formen sehen, die ein Kind auf eine Schiefertafel kritzelt – einfach, rudimentär, Millionen Jahre älter und stärker als die ganze Krankheit, die man Kunst heißt. Die Gegenstände der Erde und des Himmels scheinen sich zu einem Ammenmärchen zu verbinden, und unsere Beziehung zu den Dingen scheint auf einmal so einfach, daß man einen tanzenden Narren brauchen würde, um der Klarheit und Leichtigkeit des Augenblicks gerecht zu werden. Der Baum über meinem Kopfe schlägt wie ein Riesenvogel, der auf einem Bein steht; der Mond ist wie ein Zyklopenauge. Und, wie sehr sich auch mein Antlitz mit dunkler Eitelkeit oder gemeiner Rache oder verächtlicher Verachtung umwölkt, die Knochen meines Schädels darunter lachen ewig.

Verteidigung der Öffentlichkeit

Es ist eine sehr bezeichnende Tatsache, daß es eine Form der Kunst gibt, in der die moderne Welt sicherlich nicht die alte verbessert hat, jene Form, die man etwas grob die Kunst der freien Luft nennen könnte. Öffentliche Denkmäler sind gewiß nicht besser geworden, auch die Kritik über sie hat sich nicht gebessert. Das beweist die Manier, so viele von ihnen als pompös zu verurteilen. Man könnte einen interessanten Aufsatz schreiben über die ungeheure Zahl von Worten, die als Schimpf gebraucht werden, während sie in Wahrheit eine Schmeichelei bedeuten. An sich eine merkwürdige Studie ist jene Neigung, die, wie gesagt, die Dinge immer schlechter findet als sie sind und zu einer systematischen Verteidigungsmethode herausfordert. So machen Theaterkritiker beispielsweise eine Bühnenaufführung verächtlich dadurch, daß sie sie theatralisch nennen, womit einfach gemeint ist, sie paßt für das Theater, und was das gleiche Kompliment bedeutet, wie wenn wir Poesie poetisch nennen. Ähnlich sprechen wir abfällig von gewissen Werken als sentimental, was einfach bedeutet, daß sie die bewunderungswürdige und wesentliche Eigenschaft des Sentiments besitzen. Solche Phrasen sind alles Stücke *einer* Krämer- und Feiglingsphilosophie und erinnern uns an die Tage, da »Schwärmer« eine Beleidigung war. Aber in diesem ganzen Wörterbuch unbewußter Lobrede ist nichts schlagender als das Wort »pompös«.

Vernünftig gesprochen, sollte natürlich ein öffentliches Denkmal pompös sein. Pomp ist gerade sein Zweck. Es wäre absurd, Säulen und Pyramiden in irgendeinem schüchternen Winkel erröten zu lassen wie Waldveilchen im Frühling. Und öffentliche Denkmäler haben in dieser Beziehung eine große und sehr notwendige Lektion zu predigen. Tapferkeit und Mitleid und die großen Begeisterungen sollten weit öffentlicher sein als sie es gegenwärtig sind. Wir haben heutzutage die Sünde der Furcht zu gern und nennen sie die Tugend der Ehrfurcht. Wir haben die alte und gesunde Moral des Buchs der Sprüche vergessen: »Weisheit klaget draußen und lasset sich hören auf den Gassen.« In Athen und Florenz ward ihre Stimme in den Straßen gehört. Man hatte ein öffentliches Leben in Kampf und Streit, und man hatte, was moderne merkantile Zivilisation niemals gehabt hat – eine öffentliche Kunst. Gottesdienst, das heiligste von allen Dingen, wurde immer offen abgehalten; es ist eine vollkommen neue und verfälschte Anschauung, daß Heiligkeit dasselbe ist wie Heimlichkeit. Gar viele moderne Dichter, mit ungeheuer schwerfaßlicher und zarter Sensibilität, lieben das Dunkel schließlich und endlich meist aus dem gleichen Grunde, aus dem es Diebe lieben. Die Mission einer großen Säule oder Statue sollte es sein, den Geist mit einem plötzlichen Gefühl des Stolzes wie mit einem Donnerkeil zu treffen. Sie sollte uns mit sich emporheben in die freie und adelnde Luft. Um den Sockel jedes edlen Denkmals, was immer sonst darauf geschrieben sein mag, laufen in unsichtbaren Buchstaben die Zeilen Swinburnes:

> Dies Ding ist Gott:
> Mensch sein im Vollgewicht,
> In deines Geistes Kraft aufrecht zu gehn.
> Dein Leben auszuleben in dem Licht.«

Wenn ein öffentliches Denkmal nicht diesen obersten und naheliegendsten Zweck erfüllt, öffentlich und monumental zu sein, ist es von Anfang an verfehlt.

Es ist eine Schule realistischer Bildhauerei hervorgetreten, die vielleicht besser als Schule der Skizzen-Plastik bezeichnet werden mag. Eine solche Bewegung war richtig und unvermeidlich als Reaktion gegen den gewöhnlichen und farblosen Pomp der Viktorianischen Plastik. Vielleicht das Abscheulichste und Niederdrückendste in der Welt – abscheulicher und niederdrückender als irgendeines von A. G. Wells' formlosen Schleimungeheuern (und ihnen durchaus nicht unähnlich) – ist die Statue eines englischen Philanthropen. Beinahe so schlecht, wenn auch natürlich nicht ganz so schlecht, sind die Statuen der englischen Politiker in den *Parliament Field*. Jeder von ihnen ist in einen zylindrischen Gehrock eingeschachtelt und trägt eine Rolle oder ein zweifelhaftes Kleidungsstück über dem Arm, das ebensogut ein Badetuch wie ein leichter Überzieher sein kann. Jeder von ihnen zeigt eine Rednergeste, was allen Nachteil hat, affektiert zu sein, ohne irgendeinen von den Vorteilen, theatralisch zu sein. Laßt niemanden auf die Vermutung kommen, daß solche Mißgeburten bloß aus technischem Unvermögen entstanden sind. In jeder Linie dieser bleiernen Puppen ist die

Tatsache ausgedrückt, daß sie nicht mit einem Funken natürlicher Begeisterung für Schönheit und Würde aufgestellt wurden. Sie wurden mechanisch aufgestellt, weil es undekorativ oder geizig ausgesehen hätte, wenn sie nicht aufgestellt worden wären. Sie wurden sogar in recht übler Laune aufgestellt, in einem utilitarischen Zeitalter, das von dem Gedanken heimgesucht wurde, es gäbe gar viele, weit vernünftigere Wege, sein Geld los zu werden. So lange das die vorherrschende nationale Anschauung ist, bleibt das Land unfruchtbar, Statuen und Kirchen werden nicht wachsen – denn sie müssen geradeso wie Bäume oder Blumen wachsen. Aber dieser moralische Defekt, der so schwer auf der frühviktorianischen Bildhauerei lastete, lastet in veränderter Form auch auf der rohen, malerischen, alltäglichen Skulptur, die später kam, und von der die Statue Darwins im *South Kensington Museum* und die Statue Gordons auf dem *Trafalgar Square* vortreffliche Beispiele sind. Es genügt nicht für ein volkstümliches Monument, künstlerisch zu sein im Sinne einer Kohlenskizze; es muß auffallen; es muß im wahrsten Sinne des Wortes sensationell sein; es muß für Menschentum einstehen; es muß für uns zu den Sternen sprechen; es muß im Angesicht aller Himmel, wenn das längste und schwärzeste Register all unserer Verbrechen und Narrheiten fertig ist, erklären, daß es Dinge gibt, deren wir Menschen uns nicht zu schämen brauchen.

Die zwei Arten, das Andenken eines Mannes der Öffentlichkeit zu feiern, sind eine Statue und eine Biographie. Sie sind einander in gewissen Beziehungen ähnlich, in der Tatsache beispielsweise, daß keine von beiden dem Original ähnelt, und daß sie beide nicht nur alle Laster eines Menschen ausgleichen, sondern obendrein auch seine amüsanten Tugenden. Aber in *einer* Beziehung werden sie verschieden gehandhabt. Wir hören niemals etwas über Biographien ohne zugleich von der Heiligkeit des Privatlebens zu hören und der Notwendigkeit, den wichtigsten Teil in eines Menschen Existenz gänzlich zu unterdrücken. Der Bildhauer arbeitet nicht mit diesem Verlust. Der Bildhauer läßt nicht die Nase eines hervorragenden Philanthropen weg, weil sie zu schön ist, um sie der Öffentlichkeit preiszugeben; er bildet einen Staatsmann nicht mit einem Sack über dem Kopf, weil sein Lächeln zu süß war, um das Licht des Tages zu ertragen. Aber in der Biographie wird dieser Grund-

satz allgemein und entschieden festgehalten, und es gehört schon
etwas Mut dazu, auch nur daran zu zweifeln, daß, je besser ein
Mensch war, je menschlich wahrer er sein Leben führte, destoweni-
ger darüber gesagt werden sollte.

Zu dieser Idee, dieser modernen Idee, daß Heiligkeit identisch
mit Heimlichkeit ist, muß etwas wenigstens bemerkt werden. Sie
ist, was alle praktischen Zwecke anlangt, eine gänzlich neue Idee;
sie war unbekannt in all den Zeitaltern, in denen die Idee der Heiligkeit wirklich blühte. Die Geschichte der großen religiösen Bewe-
gungen der Menschheit ist der Tod der Anschauung, daß Religiosi-
tät eine Privatangelegenheit sei. Das ehrwürdigste Geheimnis jeder
Menschenseele, ihr einsamstes und persönlichstes Bedürfnis, ihre
primärste und psychologischeste Beziehung, das Ding, Andacht
geheißen, die Verbindung zwischen der Seele und der letzten Wirklichkeit – diese höchst private Angelegenheit ist das öffentlichste
Schauspiel in der Welt. Jeder, dem es einfällt, Sonntag morgens in
eine große Kirche zu treten, kann hundert Menschen, jeden allein
mit seinem Schöpfer, sehen. Er steht, in Wahrheit, vor einem der
seltsamsten Schauspiele der Welt – einem Volke von Einsiedlern.
Und in solcher, entschieden werbender Öffentlichkeit, die das in-
nerste Geheimnis zur Öffentlichkeit macht, handelt das Christentum im Einklang mit seinem frühesten Ursprünge und seinen grau-
envollen Anfängen. Es war sicher lein Zufall, daß das Schauspiel,
das die Sonne um Mittag verfinsterte, auf einem Hügel stattfand.
Das Märtyrertum der ersten Christen war öffentlich, nicht nur
durch die Laune des Verfolgers, sondern durch das ganze Wollen
und Denken der Opfer.

Die rein grammatische Bedeutung des Wortes »Märtyrer« schlägt
mit eins die ganze Anschauung von der Privatheit guten Handelns
in Stücke. Die christlichen Martyrerschicksale waren mehr als Beweise; sie waren Ankündigungen. Heutzutage würde die Theorie
von der seelischen Zartfühligkeit das alles anders wünschen. Sie
würde Christo gestatten, gekreuzigt zu werden, wenn es um seiner
göttlichen Natur willen notwendig wäre, sie würde aber im Namen
des guten Geschmacks anfragen, ob er nicht in einer Privatwoh-
nung gekreuzigt werden könnte. Sie würde erklären, daß der Vorgang, einen Märtyrer von Löwen in Stücke reißen zu lassen, gewöhnlich und sensationslüstern wäre, obgleich natürlich dem nichts

im Wege stünde, in seinem eigenen Salon, im Kreise wirklich intimer Freunde von einem Löwen in Stücke gerissen zu werden.

Ich bin geneigt zu denken, daß es eine dekadente und kranke Keuschheit ist, die diese Anschauung hervorgerufen hat, etwas Heiliges müsse verborgen sein. Die Sterne haben niemals ihre Heiligkeit verloren und sie sind schamloser und nackter und zahlreicher als die Plakate von *Pears'* Seife. Es wäre in der Tat eine seltsame Welt, wenn die Natur plötzlich von dieser ätherischen Scham ergriffen würde, wenn die Bäume mit ihren Wurzeln in die Luft wüchsen und mit der Last ihrer Blätter und Blüten unter die Erde, wenn die Blumen im Morgengraun sich schlössen und beim Sonnenuntergang sich öffneten, wenn die Sonnenblume sich in das Dunkel wendete und die Vögel, wie Fledermäuse, des Nachts flögen.

Verteidigung von Porzellan-Schäferinnen

Es gibt manche Dinge, an die die Welt nicht gern erinnert wird, denn es sind tote Lieben der Welt. Eine davon ist jene große Schwärmerei für das Schäferleben. Wie sehr auch der Realismus sich darüber lustig machen mag, sie regierte – das steht außer Frage – während einer sehr langen Periode die Weltgeschichte, von den Zeiten, die wir als alt bezeichnen, bis zu Zeiten, die man ziemlich neu nennen kann. Die Vorstellung von dem unschuldigen und heiteren Leben der Schäfer und Schäferinnen umspannte und beherrschte die Zeit des Theokrit, Virgil, Catull, Dante, Cervantes, Ariosto, Shakespeare und Pope. Es heißt, daß die Heidengötter aus Stein und Erz waren; aber Stein und Erz haben niemals gedauert mit der Dauerhaftigkeit der Porzellanschäferin. Die katholische Kirche und das Schäferideal sind in der Tat beinahe die einzigen Dinge, die den Abgrund zwischen der alten und der modernen Welt überbrückt haben. Doch, wie gesagt, die Welt liebt es nicht, an diese kindische Begeisterung erinnert zu werden.

Aber Phantasie, die Funktion des Historikers, kann ein so bedeutendes Element nicht übersehen. Wohlfeile Revolutionäre nehmen gewöhnlich an, daß Phantasie eine durchaus aufrührerische Sache sei, daß ihre Hauptfunktion im Ersinnen neuer und abenteuerlicher Republiken liege. Aber Phantasie hat ihren höchsten Zweck in rückschauender Verwirklichung. Die Posaune der Phantasie wie die Posaune der Auferstehung ruft die Toten aus ihren Gräbern. Phantasie sieht Delphi mit den Augen eines Griechen, Jerusalem mit den Augen eines Kreuzfahrers, Paris mit den Augen eines Jakobiners und Arkadien mit den Augen eines Euphues.[1] Die Primärfunktion der Phantasie ist es, unser ganzes, geordnetes Lebenssystem als einen Stoß aufgeschichteter Revolutionen zu sehen. Trotz aller Revolutionäre muß es gesagt werden: es ist nicht so sehr die Funktion der Phantasie, unerhörte Dinge feststehen zu machen, als feststehende Dinge unerhört; nicht so sehr Wunder zu Taten, als Taten zu Wundern zu machen. Für den Phantasiebegabten sind Spruch-

---

[1] Hauptfigur in John Lilys Werk: The Anatomy of Wit and Euphues and his England (1578–1590).

wahrheiten lauter Paradoxe, sintemalen sie Paradoxe in der Steinzeit waren.

Laßt uns also in diesem Lichte das alte Schäferideal, Arkadia betrachten. Aber vorerst müssen wir uns über eins klar sein. Diese arkadische Kunst und Literatur ist eine verloren gegangene Schwärmerei. Sie studieren ist wie Herumkramen in den Liebesbriefen eines Gestorbenen. Uns scheinen ihre Blumen der gleiche Flittertand wie Hutschleifen; die Lämmer, die nach der Hirtenpfeife tanzen, scheinen mit all der Künstlichkeit eines Balletts zu tanzen. Ja unser eigner, prosaischer Werktag erscheint uns fröhlicher als ihr Feiertag. Wo ihre alte Überschwenglichkeit die Grenzen der Vernunft und selbst der Tugend überschritt, scheinen ihre Kapriolen zur Starre eines antiken Frieses erfroren zu sein. Auf jenen grauen, alten Bildern scheint ein Bacchanal so dumm wie ein Erzdiakonus. Sogar ihre Sünden scheinen kälter als unsere Verbote.

Alles das mag offen zugegeben werden: alle die unfruchtbare Sentimentalität des Schäferideals und aller unverschämte Optimismus. Aber zu guterletzt bleibt noch etwas anderes übrig.

Zeitenlang, in denen die anmaßendsten und durchdachtesten Ideale von Macht und Zivilisation ihr sonst unbestrittenes Regiment führten, verkörperte das Ideal vom vollkommenen und gesunden Landmann zweifellos in irgendeiner Form oder Gestalt die Auffassung, daß es eine Würde in der Schlichtheit und eine Würde in der Arbeit gibt. Es war gut für den Aristokraten von damals, selbst wenn er nicht die Unschuld und die Weisheit der Mutter Erde erlangen konnte, zu glauben, daß diese Dinge die Geheimnisse der Priesterschaft der Armen wären. Es war gut für ihn zu glauben, wenn schon der Himmel nicht über ihm war, daß Himmel unter ihm war. Es war gut, daß er mitten in all seinen windigen Triumphen das unauslöschliche Gefühl haben sollte, es gibt noch etwas Besseres als diese seine Triumphe, die Vorstellung: »Es harrt ein Ausruhn Deiner.«

Die Vorstellung vom idealen Hirten scheint unsern modernen Ideen lächerlich. Aber schließlich war es vielleicht doch die einzige Gewohnheit der Demokratie, die den Gewohnheiten der Aristokratie von der Aristokratie selbst gleichgestellt wurde. Der Schäfer der Pasturalpoesie war ohne Zweifel sehr verschieden von dem Schäfer der Wirklichkeit. Während der eine seinen Lämmern unschuldig etwas vorblies, schimpfte der andere unschuldig über sie; und der Abstand in Intellekt und persönlicher Sauberkeit war ungeheuer. Aber der Unterschied zwischen dem idealen Hirten, der mit Amaryllis tanzte, und dem des wirklichen Lebens, der sie schlug, ist nicht ein Jota größer als der Unterschied zwischen dem idealen Soldaten, der für das Erbeuten der Fahnen stirbt, und dem wirklichen Soldaten, der für das Putzen seiner Ausrüstung lebt, zwischen dem idealen Priester, der ewig bei irgend jemandes Bett sitzt, und dem wahren Priester, der nur zu froh ist, in sein eigenes Bett zu kommen. Es gibt ideale Auffassungen und wirkliche Menschen in jedem Beruf; und doch gibt es nur wenige, die etwas gegen ideale Auffassungen haben und nicht viele trotz allem, die etwas gegen wirkliche Menschen haben.

Die Sachlage ist demnach die: weit entfernt, die Existenz eines idealen Schäfers in Kunst und Literatur übel zu nehmen, bedaure ich es aufrichtig, daß der Schäfer der einzige demokratische Beruf ist, der jemals mit den heroischen Berufen, die ein autokratisches Zeitalter anerkannte, in eine Linie gestellt wurde. Weit entfernt, etwas gegen den idealen Schäfer einzuwenden, wünschte ich, daß es einen idealen Briefträger, einen idealen Kaufmann und einen idealen Röhrenflicker gäbe. Es ist zweifelsohne wahr, daß wir über die Idee eines idealen Briefträgers lachen würden; es ist wahr und beweist, daß wir nicht echte Demokraten sind.

Zweifelsohne würde der moderne Kaufmann, wenn man ihn aufforderte, sich in arkadischer Manier zu benehmen, wenn man von ihm verlangte, sich durch einen symbolischen Tanz, der die Freuden des Kaufmannsstandes ausdrückte, gefällig zu zeigen oder auf irgendeinem Instrument zu spielen, während seine Lehrlinge um ihn herumhüpften, verwirrt und vielleicht sogar unwillig sein. Aber es mag dahingestellt bleiben, ob dieser heutige Unwille des Kaufmanns etwas Gutes ist oder für eine gute Beschaffenheit des poetischen Empfindens im Kaufmannsgeschäft als ganzem spricht. Sicherlich sollte es ein Idealbild von Gesundheit und Glück in jedem Gewerbe geben, und der Abstand von der Wirklichkeit ist nicht die einzig wichtige Frage. Niemand setzt voraus, daß die Masse überlieferter Vorstellungen von Pflicht und Ruhm, beispielsweise im Kopf eines Soldaten oder Arztes, immer wirksam sind; daß die

Schlacht von Waterloo tatsächlich ein Privatvergnügen abgibt beim Hosenputzen, oder daß das »Wohl der Menschheit« den augenblicklichen Wortschatz eines Doktors mildert, der um zwei Uhr morgens aus dem Bett geholt wird. Aber obgleich kein Ideal die häßliche Plackerei und Einzelheit irgendeines Berufes auslöscht, so besteht dieses Ideal im Falle des Soldaten oder Arztes doch entschieden im Hintergrunde und macht die Plackerei als ganzes genommen wert. Es ist ein ernster Übelstand, daß kein solches Ideal bei der ungeheuren Zahl von ehrenwerten Gewerben und Handwerken besteht, von denen die Existenz einer modernen Stadt abhängt. Es ist schade, daß gangbares Denken und Fühlen nichts bietet, was der alten Vorstellung von Schutzheiligen entspräche. Wenn dem so wäre, dann würde es einen Schutzpatron der Röhrenflicker geben, und das allein würde eine Revolution bedeuten; denn es würde den einzelnen Arbeiter zwingen, zu glauben, daß es einmal ein so vollendetes Wesen gab, das wirklich Röhren flickte. Zu guter Letzt ist denn wohl die Frage am Platze, ob die Welt nicht etwas verloren hat durch das vollkommene Verschwinden des Ideals vom glücklichen Landmann. Es ist töricht genug, sich einzubilden, daß der Bauer herumspaziere, von oben bis unten nichts als: Bänder; aber es ist besser, als zu wissen, daß er von oben bis unten in Fetzen geht und sich dazu gleichgültig verhält. Das moderne realistische Studium der Armut führt den Studenten in Wahrheit mehr irre als die alte idyllische Erkenntnis. Wir können solange kein klares Bild von dem Leben der unteren Klassen bekommen, solange uns ihre Tugenden so grob wie ihre Laster erscheinen, und ihre Freuden so plump wie ihre Leiden. Vielleicht gerade in dem Augenblick, da wir nichts sehen können als einen stumpfsinnigen Menschen, der raucht und mit seinem Freund in einem Wirtshaus tüchtig zecht, ist der Mensch selbst in seiner Seele Feiertag, bekränzt mit den Blumen einer begeisterten Muse und ähnlicher dem glücklichen Landmann, als die Welt je wissen wird.

Verteidigung nützlicher Information

Es ist nur natürlich und in der Ordnung, daß die Mengen von Explosivvorrat, die in den Detektivgeschichten aufgespeichert sind, und die gefüllten und gediegenen Konfektladen, die man sentimentale Novelletten nennt, bei den gewöhnlichen Literatur-Abnehmern populär sind. Es ist nicht schwer, sich bewußt zu werden, daß wir alle, Gebildete und Ungebildete, von Haus aus für Mord und Liebeserklärungen Interesse haben. Das wirklich Außerordentliche dabei ist nur, daß die blaßfärbendsten Romane in der Tat nicht so populär sind wie jene Literatur, die sich mit den unbestreitbarsten und niederdrückendsten Fakten beschäftigt. Die Menschen sind augenscheinlich für Mord und Liebeserklärungen nicht halb so interessiert wie für die Zahl der verschiedenen Formen von Hausschlüsseln, die es in London gibt oder für die Zeit, die eine Grille brauchen würde, um von Kairo nach dem Kap zu hüpfen. Die ungeheure Menge wahnwitziger und unnützer Wahrheit, die die verbreitetsten Zeitungen und viele der illustrierten Zeitschriften füllt, ist sicherlich eine der ungewöhnlichsten Arten seelischer und geistiger Nahrung, mit denen der Mensch je gefüttert wurde. Es ist beinahe unglaublich, daß diese albernen Statistiken tatsächlich populärer sein sollten, als die blutstockendsten Geheimnisse und die üppigsten Gefühlsschwelgereien. Als ob sich einer vorzustellen hätte, wie die humoristischen Stellen aus einem Eisenbahnkursbuch an Winterabenden laut vorgelesen werden. Als ob man sich einen Menschen ausdenken müßte, der eine Annonce von Dr. Hommels Haematogen nicht aus der Hand legen kann, ohne zu wissen, was aus dem jungen Mann wurde, der in Königsberg so schwer krank lag. Bei billigen Detektivgeschichten und billigen Novelletten haben die meisten von uns das Gefühl, gleichgültig, wie gebildet sie sind, sie könnten sie ganz gut lesen, wenn sie nur dem Niedrigen und Oberflächlichen in ihrer Natur nachgäben: und schlimmsten Falls könnte man sie ja genießen, wie wir Stierhetzen oder einen Schwips genießen würden. Aber die Informationsliteratur bleibt uns ein vollkommenes Geheimnis. Wir können uns mit ihr ebensowenig unterhalten als mit seitenlanger Lektüre eines Vororte-Adreßbuchs. Solche Sachen zu lesen würde keine gewöhnliche Befriedigung sein; es wäre ein überaus mühsames und verdienstvolles Unternehmen.

Das ist es, was das tiefgründige und beinahe unermeßliche Interesse für diesen besonderen Zweig populärer Literatur ausmacht.

Fundamental wenigstens hat es eine besondere Bewandtnis, was zu ihrer Rechtfertigung gesagt werden muß. Man muß den Lesern dieser seltsamen Wissenschaft zugestehen, daß sie, dem Ganzen gegenüber, so uneigennützig sind wie ein Prophet, der Visionen hat, oder ein Kind, das Märchen liest. Hier finden wir wieder, wie so oft, welcher Anschauung wir in dieser Frage der populären Literatur auch Glauben schenken dürfen: am wenigsten von allen dürfen wir der Erklärung und Beurteilung glauben, die unter den Gemeingebildeten verbreitet ist. Die landläufige Version für den Grund dieses populären Informationsbedürfnisses, den eine Person mit etwas Kultur angeben würde, wäre, daß gewöhnliche Menschen vor allem an jenen dürftigen Tatsachen Interesse finden, von denen sie rings umgeben sind. Eine ganz oberflächliche Prüfung wird uns zeigen, was immer der Grund für die Popularität dieser verrückten Enzyklopädien sein mag, es kann nicht der Grund der Nützlichkeit sein. Die Version vom Leben, die eine Groschen-Novellette bietet, mag sehr mondsüchtig und unzuverlässig sein, sie wird aber wenigstens aller Wahrscheinlichkeit nach eher Tatsachen, die auf das tägliche Leben Bezug haben, enthalten als Berechnungen darüber, wie viel Kuhschwänze notwendig sind, um den Nordpol zu erreichen. Es gibt weit mehr Leute, die verliebt sind als Leute, die die Absicht haben, Kuhschwänze zu zählen und zu sammeln. Es leuchtet mir ein, daß die Gründe dieser weitverbreiteten Informationssucht um der Information willen in anderen und tieferen Schichten der menschlichen Natur gesucht werden müssen als in jenen täglichen Bedürfnissen, die so nahe an der Oberfläche liegen, daß selbst Sozialphilosophen sie irgendwo in jenem starken und ewigen Instinkt für Begeisterung und das Nasehineinstecken in anderer Leute Angelegenheiten entdeckt haben, der große Volksbewegungen wie die Kreuzzüge oder die Straßenaufstände zeitigte.

Ich hatte einmal das Vergnügen, einen Menschen zu kennen, der im privaten Leben tatsächlich in der Art dieser Zeitungen sprach. Seine Unterhaltung bestand in fragmentarischen Angaben über Höhe und Gewicht und Tiefe und Zeit und Bevölkerung, und diese Unterhaltung war eine Nachtmar von Dummheit. Während der kürzesten Pause konnte er fragen, ob seine Unterredner denn eine

Ahnung hätten, wie viele Tonnen Rost jedes Jahr von der Menai-Brücke abgekratzt würden, und wie viele Konkurrenzläden Herr Whiteley aufgekauft hatte seit der Eröffnung seines eigenen Geschäftes. Das Verhalten der Bekannten zu diesem unerschöpflichen Schwadroneur schwankte je nach seiner An- oder Abwesenheit zwischen Gleichgültigkeit und Schrecken. Es war entsetzlich, zu denken, daß eines Mannes Hirn mit solchen unsagbar nutzlosen Schätzen vollgepfropft sein könnte. Es war, als ob man ein imponierendes Stadt-Museum besuchte und die Galerien und Glaskästen mit Proben von Straßenkot, gewöhnlichem Mörtel, zerbrochenen Spazierstöcken und billigem Tabak gefüllt fände. Jahre später entdeckte ich, daß dieser unerträglich prosaische, langweilige Mensch in Wirklichkeit ein Dichter gewesen war. Ich kam dahinter, daß jede Probe dieser vielseitigen Information absolut und unverschämt falsch war, daß er sich sie, so viel ich wußte, jedesmal erst im Gehen zurecht gelegt hatte; daß keine Tonnen Rost von der Menai-Brücke abgekratzt werden, und daß die Geschäftsrivalen und Herr Whiteley Schöpfungen seines Poetenhirns waren. Sofort spürte ich einen verzehrenden Respekt vor dem Mann, der ein so zufälliger, eintöniger, gänzlich zweckloser Lügner war. Er muß ein Fall von l'art pour l'art gewesen sein. Der Spaß, mit einem solchen Ernst durch eine ansehnliche Lebenszeit aufrecht erhalten, gehörte in jene Kategorie von Spaß, der sich mit Allwissenheit teilt. Was mir beim Nachdenken aber noch zwingender auffiel, war die Tatsache, daß diese fabelhaften Trivialitäten, die mich äußerst gemein und nüchtern berührten, sofort pittoresk und beinahe brillant wurden, als ich erkannte, sie waren Erfindungen des Menschenhirns. Und hier, wie mir scheint, legte ich den Finger auf einen Grundzug der kultivierten Klasse, der sie davon abhält und vielleicht immer abhalten wird, mit den Augen der volkstümlichen Vorstellungskraft zu sehen. Die bloß Gebildeten können schwerlich je dazu gebracht werden, zu glauben, daß diese Erde selbst ein interessanter Ort ist. Wenn sie ein Kunstwerk anschauen, ein gutes oder schlechtes, erwarten sie, davon interessiert zu werden, aber wenn sie eine Zeitungsannonce oder ein paar Leute auf der Straße anschauen, erwarten sie, genau und wörtlich genommen, nicht, dadurch interessiert zu werden. Doch für gewöhnliche und einfache Menschen ist diese Welt ein Kunstwerk, mag sie, wie viele große Kunstwerke, anonym sein. Sie erwarten vom Leben mit derselben Art behaglicher und unausrottbarer Zuversicht interessiert zu werden, mit der sie es von einer Komödie erwarten, für die sie an der Kasse ihr Eintrittsgeld bezahlt haben. Für die Augen blasierter Zeitgenossen ist das Weltall in der Tat ein verzeichnetes und übermaltes Bild, Zirkelkritzeleien eines Kindes auf der Schiefertafel der Nacht; die Sternenhimmel sind ein gewöhnliches Muster, das sie nicht als Tapete nehmen möchten, die Blumen und Früchte haben einen Pöbelglanz wie der Sonntagshut eines Blumenmädchens.

So durch die Kunst auf das Niveau der Kunst herabgedrückt, haben sie ganz und gar jenen primitiven und typischen Geschmack des Menschen verloren – den Geschmack für Neuigkeiten. Unter diesem eigentümlichen Geschmack für Neuigkeiten meine ich das Vergnügen am Hören der bloßen Tatsache, daß ein Mann im Alter von 110 Jahren in South Wales gestorben ist, oder daß die Pferde bei einem Begräbnis in San Francisco durchgegangen sind. Gar vieles aus den religiösen und politischen Anfängen der Welt, zahllose Wunder und Heldengeschichten gehen ursprünglich auf diese Liebe für etwas, das gerade passiert ist, zurück, auf diese göttliche Einrichtung des Klatsches. Als man das Christentum die gute, neue Lehre nannte, verbreitete es sich rasch, nicht nur weil es gut war, sondern auch weil es neu war. Daher kommt es, daß wir den Arbeiter, wenn wir einmal mit ihm im Eisenbahnzug über die Tagespresse sprachen, gewöhnlich nicht interessiert gefunden haben an jenen Kämpfen im Parlament und in den Gewerkvereinen, die ihm mitunter nützlich sind und jedenfalls immer dafür gelten; sondern interessiert an der Tatsache, daß ein ungewöhnlich großer Wal an der Küste von Orkney ans Land gespült worden ist oder daß es von irgendeinem führenden Millionär wie Mr. Harmsworth heißt, er zerbreche hundert Pfeifen im Jahr. Die gebildeten Stände, übersättigt und demoralisiert durch die völlige Hingabe an Kunst und Stimmung, können nicht länger die müßige und herrliche Uninteressiertheit eines gewöhnlichen Sonntagslesers verstehen. Der hat noch etwas von jenem Gefühl, das das Geburtsrecht der Menschen sein sollte – jenem Gefühl, daß dieser Planet wie ein neues Haus ist, in das wir gerade mit unserem Gepäck eingezogen sind. Jede Einzelheit darin hat Wert, und mit einem wahrhaft sportsmännischen Instinkt genießt der Durchschnittsmensch sein größtes Vergnügen an Einzelheiten, die höchst verwickelt, belanglos und dabei schwer und überflüssig zu entdecken sind. Jene Seiten der Zeitung, welche die Riesenerdbeere und die Froschregen annoncieren, sind in Wahrheit die Repräsentanten des volkstümlichen Triebes, der die Hydra, den Werwolf und die hundsköpfigen Menschen schuf. Das Volk im Mittelalter interessierte sich nicht für einen Drachen oder eine Teufelserscheinung, weil sie meinten, daß das ein wundervolles Prosa-Idyll wäre, sondern weil sie meinten, daß man das wirklich gerade gesehen hätte. Es war nicht wie so viele künstliche Literatur ein Zufluchtsort, der auf die Trübseligkeit der Welt hindeutete: es war etwas Wirkliches, das ausdrucksvoll die fruchtbare Poesie der Welt illustrierte.

Daß viel gesagt werden kann und gesagt worden ist gegen die Informationsliteratur, leugne ich keinen Augenblick, Sie ist gestaltlos, sie ist trivial, sie mag einen unwahren Anstrich von Wissen geben, sie unterliegt ohne Frage mit der übrigen populären Literatur der allgemeinen Beschuldigung, daß sie die Möglichkeit besserer Arbeit nimmt, sicherlich durch Zeitverschwendung, vielleicht durch Geschmacksverderbnis. Aber diese naheliegenden Vorwürfe sind die Vorwürfe, die wir so hartnäckig von jedem zu hören bekommen, daß man sich nur wundern kann, woher die fraglichen Zeitungen ihre Myriaden von Lesern hernehmen. Die natürliche Notwendigkeit und die natürliche Wohlfahrt, die so unreife Einrichtungen notwendig gemacht haben, ist weit weniger häufig Gegenstand der Betrachtung; und doch sind die gesunden Hungerbedürfnisse, die hinter den Gewohnheiten der Demokratie stecken, sicherlich des selben teilnahmsvollen Studiums wert, das wir den Dogmen längst entthronter Dogmatiker oder den Intrigen längst vom Erdboden verschwundener Republiken widmen. Und das ist die Basis und die Überlegung, die ich zu bieten habe: daß der Geschmack für Flicken und Lappen journalistischer Weisheit und Historie vielleicht nicht, wie man ständig behauptet, die vulgäre und senile Neugierde eines altgewordnen Volkes ist, sondern einfach die kindische und keinen Unterschied machende Neugierde eines Volkes ist, das noch jung ist und an die Geschichte zum erstenmal herantritt. In andern Worten, ich erkläre, man erzählt sich in den Zeitschriften nur die selbe Art von Geschichten abgedroschener Voraussagen und konventioneller Absonderlichkeiten, die man sich auf alle Fälle im Wirtshaus erzählen würde. Die Wissenschaft selbst ist nur eine Übertreibung und

Spezialisierung dieses Durstes nach nutzlosen Tatsachen, der für die Jugend der Menschheit kennzeichnend ist. Aber Wissenschaft ist seltsamerweise geschieden worden von den bloßen Neuigkeiten und Verleumdungen, von Blumen und Vögeln; die Menschen haben aufgehört zu sehen, daß ein Pterodaktylus ebenso frisch und natürlich wie eine Blume war, daß eine Blume ebenso ungeheuerlich ist wie ein Pterodaktylus. Der Wiederaufbau dieser Brücke zwischen Wissenschaft und menschlicher Natur ist eine der größten Notwendigkeiten für die Welt. Alle haben wir zu zeigen, ehe wir zu irgendwelchen Visionen oder Schöpfungen übergehen, daß wir zufrieden sein können mit einem Planeten von Wundern.

Verteidigung der Heraldik

Die moderne Ansicht über Heraldik ergibt sich ziemlich richtig aus den Worten eines berühmten Rechtsanwaltes, der nach längerem Kreuzverhör mit einer ehrwürdigen Koryphäe von *Heralds' College* seine Ergebnisse in die Bemerkung zusammenfaßte, »daß der dumme, alte Kerl nicht mal sein eignes dummes, altes Geschäft verstünde«.

Heraldik im eigentlichen Sinne war natürlich etwas ganz Abgegrenztes und Aristokratisches; diese Formulierung aber verlangt eine Modifikation, die gewöhnlich nicht erkannt wird. Es gab nebenher eine plebejische Heraldik; denn jeder Laden war wie jedes Schloß nicht durch einen Namen, sondern durch ein Zeichen unterschieden. Das ganze System datiert aus einer Zeit, da die Bilderschrift tatsächlich noch die Welt regierte. In jenen Tagen konnten wenige lesen oder schreiben; sie zeichneten ihre Namen mit einem bildlichen Symbol, einem Kreuz – und ein Kreuz ist weit besser als der meisten Menschen Namen.

Da muß nun etwas über den merkwürdigen Einfluß der bildlichen Symbole auf den Geist der Menschen gesagt werden. Alle Buchstaben, lernen wir, waren ursprünglich bildlich und heraldisch: so ist der Buchstabe A das Porträt eines Ochsen, aber das Porträt wird jetzt in so impressionistischer Manier wiedergegeben, daß sich beim Betrachten nur wenig von der ländlichen Atmosphäre einfangen läßt. Aber solange eine bildliche und poetische Eigenschaft im Symbol zurückbleibt, muß der ständige Gebrauch etwas zur ästhetischen Bildung jener beitragen, die es verwenden. Wirtshäuser sind jetzt beinahe die einzigen Geschäfte, die die alten Wahrzeichen benutzen, und die geheimnisvolle Anziehungskraft, die sie ausüben, mag (optimistisch) so gedeutet werden. Es gibt Schenken mit so traumhaften und erlesenen Namen, daß selbst Sir Wilfrid Lawson (der große Temperenzler) einen Augenblick stehen bleiben würde, um den Dichter in sich mit dem Moralisten streiten zu lassen. So war es mit den heraldischen Bildern. Es ist unmöglich zu glauben, daß der rote Löwe von Schottland auf jene, die ihn im Schilde führten, bloß als einfache Bequemlichkeit wie eine Zahl oder ein Buchstabe wirkte; es ist unmöglich zu glauben, daß die

Könige von Schottland freudig ein Schwein oder einen Frosch als Ersatz dafür eingetauscht hätten. Es gibt, wie gesagt, gewisse tatsächliche Vorteile in bildlichen Symbolen und einer davon ist der, daß alles, was bildlich ist, suggeriert, ohne zu nennen oder zu definieren. Es gibt einen Weg vom Auge zum Herzen, der nicht durch den Intellekt geht. Die Menschen hadern nicht um die Bedeutung von Sonnenuntergängen: sie disputieren niemals, ob der Hagedorn die besten und witzigsten Dinge über den Frühling sagt.

So existierte in den alten, aristokratischen Tagen dieser ausgedehnte bildliche Symbolismus aller Farben und Stufen der Aristokratie. Als die große Posaune der Gleichheit geblasen wurde, beging man fast unmittelbar hinterher einen der größten Irrtümer in der Geschichte der Menschheit. Denn all dieser Stolz und diese Lebhaftigkeit, all diese turmhohen Symbole und flammenden Farben hätten über die Menschheit ausgebreitet werden sollen. Der Trafikant hätte ein Wappen, und der Käsehändler einen Kriegsruf haben sollen. Der Kaufmann, der Margarine für Butter verkaufte, hätte fühlen sollen, daß da ein Fleck auf dem Schilde der Higginses war. Statt dessen begingen die Demokraten den erschreckenden Fehler – einen Fehler an der Wurzel des ganzen modernen Krankseins –, die menschliche Pracht der Vergangenheit zu entgrößern statt zu vergrößern. Sie sagten nicht, wie sie es hätten tun sollen, zu dem gewöhnlichen Bürger: »Du bist ebensogut wie der *Duke of Norfolk* sondern gebrauchten jene billige demokratische Formel: »Der *Duke of Norfolk* ist nicht besser als du.«

Denn es kann nicht geleugnet werden, daß die Welt um die Wende des neunzehnten Jahrhunderts eins endgültig und höchst bedauerlicherweise verloren hat. In früherer Zeit sah man die Masse des Volks als niedrig und gewöhnlich an, aber nur als verhältnismäßig niedrig und gewöhnlich; sie wurden verkleinert und ausgestochen durch gewisse hohe Stellungen und glänzende Berufe. Aber mit der Viktorianischen Ära kam ein Prinzip auf, das die Menschen nicht als verhältnismäßig, sondern als tatsächlich niedrig und gewöhnlich auffaßte. Ein Mensch irgendeines Standes wurde hingestellt als eine Person, die von Natur aus schmutzig und trivial war – eine Person, sozusagen, mit einem schwarzen Hut geboren. Man fing an zu glauben, es wäre lächerlich für einen Menschen, schöne Kleider zu tragen, statt das Lächerliche darin zu setzen – wie es tatsächlich der

Fall ist, mit Überlegung häßliche zu tragen. Es ward als affektiert angesehen, wenn ein Mensch kühne und heroische Worte sprach, während selbstverständlich die gehobene Rede natürlich und die gewöhnliche Umgangssprache affektiert ist. Die ganzen Verhältnisse von Schönheit und Häßlichkeit, Würde und Schmach wurden von oberst zu unterst gekehrt. Schönheit wurde zur Überspanntheit, als ob Zylinder und Regenschirme nicht die wahre Überspanntheit wären – eine Landschaft aus dem Lande der Kobolde. Würde verwandelte sich in eine Art Narrheit und Schamlosigkeit, als ob nicht gerade das Wesentliche eines Narren dieser Mangel an Würde wäre. Und die Folge davon ist, daß es tatsächlich sehr schwer hält, modernen Menschen eine Verschönerung oder öffentliche Würde vorzuschlagen, ohne sie zum Lachen zu bringen. Sie lachen über die Idee, Schilde und Wappen zu tragen, statt über ihre Schuhe und Halsbinden zu lachen. Wir dürfen nicht verlangen, daß Handelsleute ihre eigne Poesie haben sollten, obgleich es nichts so Poetisches gibt als den Handel, Ein Kaufmann sollte ein Wappen haben, würdig seiner seltsamen Waren, die aus seinen und phantastischen Ländern stammen; ein Briefträger sollte ein Wappen haben, das die seltsame Ehre und Verantwortlichkeit des Mannes ausdrücken könnte, der Menschenseelen in seiner Tasche trägt; der Apotheker sollte ein Wappen haben, das etwas versinnbildlichte von den Geheimnissen der Stätte des Heils, der Höhle einer erbarmenden Zauberkraft.

In der französischen Revolution gab es eine Klasse von Menschen, die jeder verlachte, und denen gegenüber es offenbar von praktischen Gesichtspunkten aus schwer war, sich des Lachens zu enthalten. Sie versuchten mit Hilfe riesiger hölzerner Statuen und funkelnagelneuer Feste die ungewöhnlichsten neuen Religionen zu begründen. Sie verehrten die Göttin Vernunft, die sich, selbst wenn man den vielen Tugenden dieser Leute die vollste Anerkennung zuteil werden läßt, als die Gottheit zeigte, die ihnen am wenigsten zulächelte. Aber diese radschlagenden Wahnsinnigen, von der alten Welt so gut wie von der neuen verleugnet, waren Menschen, die eine große Wahrheit gesehen hatten, welche die alte Welt so wenig kannte wie die neue. Sie hatten das Etwas gesehen, das den Weisen und Verstehenden verborgen blieb, von der ganzen modernen demokratischen Zivilisation an bis in die Gegenwart. Sie begriffen, daß die Demokratie eine Heraldik haben muß, daß sie ein stolzes und leuchtendes Schaugepränge braucht, wenn sie sich stets ihrer eignen hohen Sendung bewußt sein soll. Zum Unglück für dieses Ideal ist die Welt darin eher der englischen Demokratie als der französischen gefolgt; und jene, die zurückblicken auf das neunzehnte Jahrhundert, werden sicherlich darauf zurückblicken wie wir auf die Herrschaft der Puritaner zurückblicken, als auf eine Zeit der schwarzen Rücke und des schwarzen Gemütes, Nach dem seltsamen Leben, das die Menschen jener Zeit führten, konnten sie ebensogut dem Begräbnis der Freiheit wie ihrer Taufe beiwohnen. Von dem Augenblick an, da wir wirklich an Demokratie glauben, wird sie zu blühen beginnen wie die Aristokratie blühte, in symbolischen Farben und Formen. Wir werden aus der Demokratie niemals etwas machen, solange wir nicht aus uns Narren machen. Denn, wenn ein Mensch wirklich nicht einen Narren aus sich machen kann, können wir ganz gewiß sein, daß die Anstrengung überflüssig ist.

Verteidigung häßlicher Dinge

Es gibt Leute, welche behaupten, daß das Äußere, das Geschlecht, das Physische einer Person ihnen gleichgültig ist, daß ihnen nur an der Gemeinschaft von Geist mit Geist etwas liegt; aber diese Leute dürfen uns nicht abhalten. Es gibt Behauptungen, die zu glauben niemandem einfällt, wie sie auch gestellt werden mögen.

Aber während nichts in dieser Welt uns überzeugen könnte, daß ein guter Freund von Alexander Moissi etwa kein Erstaunen oder Unbehagen verspürte, wenn er ihn in der körperlichen Hülle des Herrn Zobeltitz ins Zimmer treten sähe, wird doch eine beständige Verwirrung angerichtet zwischen der Anziehungskraft des Äußeren, die natürlich und allgemein ist und der Anziehungskraft der sogenannten physischen Schönheit, die gar nicht natürlich und nicht im geringsten allgemein ist. Oder besser, um genauer zu sein, der Begriff physischer Schönheit ist zur Bedeutung einer bestimmten physischen Schönheit verengert worden, die die Möglichkeiten äußerer Anziehung nicht *mehr* erschöpft als die Achtbarkeit eines Lichterfelder Baumeisters die Möglichkeiten moralischer Anziehung erschöpft.

Die Tyrannen und Betrüger der Menschheit in dieser Sache sind die Griechen gewesen. All ihre herrliche Zivilisationsarbeit hätte uns nicht ganz blenden sollen für die Tatsache ihrer großen und schrecklichen Versündigung an der Vielfältigkeit des Lebens. Es ist ein merkwürdiges Faktum: während man seit langem gegen die Juden hetzte und sie anklagte, sie verdürben die Welt durch ein beschränktes und einseitiges ethisches Maß, hat niemand bemerkt, daß die Griechen uns einem unendlich entsetzlicheren Aszetentum ausgeliefert haben – einer Aszese der Phantasie, der Verehrung eines einzigen ästhetischen Typus. Jüdische Strenge hatte wenigstens gesunden Verstand als Basis; sie erkannte, daß die Menschen in einer Welt der Tatsachen lebten und daß, wenn ein Mann in der Blutsverwandtschaft heiratete, sich gewisse Folgen ergeben konnten. Aber sie hungerten nicht ihren Instinkt für Kontraste und Kombinationen aus; ihre Propheten gaben dem Ochsen zwei Flügel und dem Cherubim beliebig viele Augen, mit dem ganzen, verschwenderischen Genie eines Paul Scheerbart. Aber die Griechen übertrugen ihre Polizeivorschriften auch ins Feenreich; sie legten kein Veto ein gegen die tatsächlichen Ehebrüche auf Erden, wohl aber gegen die wilden Ehen der Ideen und untersagten das öffentliche Aufgebot der Gedanken.

Es ist etwas Eigenartiges, die fortschreitende Entmannung der griechischen Mythenungeheuer unter dem pestartigen Einfluß des Apollo vom Belvedere zu beobachten. Die Schimäre war ein Geschöpf, auf das sich jedes gesund denkende Volk hätte etwas einbilden können; aber wenn wir sie auf griechischen Bildern sehen, fühlen wir uns immer versucht, ihr ein Bändchen um den Hals zu binden und ihr einen Teller Milch vorzusetzen. Wer hat je das Gefühl, daß die Riesen in griechischer Kunst und Poesie wirklich groß sind – groß wie es manche Sagenriesen gewesen sind? In einem skandinavischen Märchen wandert der Held meilenweit auf einem Bergrücken, der sich als eines Riesen Nasenbein entpuppt. So etwas können wir mit ruhigem Gewissen einen großen Riesen heißen. Aber diese Erdbebenphantasie schreckte die Griechen, und ihr Schrecken schreckte die ganze Menschheit aus ihrer natürlichen Liebe für Größe, Lebendigkeit, Verschiedenheit, Energie und Häßlichkeit. Die Natur wollte, daß jedes menschliche Gesicht, wenn es nur kräftig, individuell und ausdrucksvoll wäre, so verschieden von allen andern aussähe, wie eine Pappel von einer Eiche verschieden ist und ein Apfelbaum von einer Weide. Aber was die holländischen Gärtner den Bäumen taten, taten die Griechen der menschlichen Gestalt; sie schnitten ihr die lebendigen und unregelmäßigen Züge ab, um ihr eine gewisse akademische Form zu geben; sie hackten Nasen ab und glichen Kinne aus mit einer gräßlich gartenbauerischen Ruhe. Und sie haben uns tatsächlich mit Erfolg so weit gebracht, daß wir manche von den ausdrucksvollsten und einschmeichelndsten Gesichtern häßlich, und manche von den dümmsten und abstoßendsten Gesichtern schön finden. Dieser schändliche Mittelweg, dieser erbärmliche Sinn für Würde hat sich weit tiefer in die Seele moderner Zivilisation hineingefressen als der äußerliche und praktische Puritanismus Israels. Im schlimmsten Fall ließ der Jude einen Menschen in Fesseln tanzen; der Grieche setzte ihm eine köstliche Vase auf den Kopf und verbot ihm, sich zu bewegen.

Die Schrift sagt, daß ein Stern vor dem andern an Pracht verschieden sei, und dieselbe Vorstellung gilt von den Nasen. Darauf zu bestehen, daß ein Gesicht häßlich ist, weil es von dem der Venus von Milo verschieden ist, heißt, es in einem ganz irreführenden Licht betrachten. Es ist seltsam, daß wir es Menschen übelnehmen sollen, wenn sie von uns verschieden sind; wir sollten es ihnen weit heftiger übelnehmen, daß sie uns ähnlich sehen. Dieses Prinzip hat einen richtigen Mischmasch aus der literarischen Kritik gemacht, bei der es immer Sitte ist, in einem Märchen den Mangel gesunder Logik zu beklagen, und die gänzliche Abwesenheit echter Redegewalt in einer dreiaktigen Posse. Aber eines andern Menschen Gesicht häßlich heißen, weil es seine Seele ausdrückt, ist, als ob man sich beklagen würde, daß der Kohlkopf nicht zwei Beine hat. Täten wir das, so bliebe dem Kohlkopf nichts anderes übrig, als mit Ernst und einem gewissen Schein von Wahrheit darauf hinzuweisen, daß wir nicht überall schön grün waren.

Aber dieser frostigen Theorie des Schönen ist es nicht gelungen, die Kunst aller Völler zu erobern, höchstens dem Namen nach. In manchen Teilen hat sie überhaupt nicht geherrscht. Ein Blick auf chinesische Drachen oder japanische Götter wird zeigen, wie unabhängig die Orientalen von der konventionellen Idee der Regelmäßigkeit in Gesicht und Körper sind, und wie gierig und freudig ihr Vergnügen an wirklicher Schönheit ist, an Glotzaugen, ausgespreizten Klauen, an gähnenden Mündern und verzerrten Windungen. Im Mittelalter befreiten sich die Menschen von dem griechischen Ebenmaß der Schönheit und errichteten in Anbetung große Türme zum Himmel, die mit tanzenden Affen und Teufeln belebt schienen. Im Hochsommer technischer Kunstvollkommenheit ward die Revolution bis zu ihrer wirtlichen Erschöpfung im Studium des menschlichen Antlitzes getrieben. Rembrandt verkündete das gesunde und männliche Evangelium, daß ein Mann Würde besaß, nicht wenn er wie ein griechischer Gott aussah, sondern wenn er eine starke, vierschrötige Nase hatte wie einen Knüppel, einen Kopf wie einen kühn modellierten Helm und Kinnbacken wie eine Eisenfalle.

Dieser Zweig der Kunst ist gewöhnlich als grotesk fallen gelassen worden. Wir haben niemals verstehen können, warum es erniedrigend sein sollte, zum Lachen zu reizen, zumal da die Groteske andern ein erhöhtes künstlerisches Vergnügen bereitet. Wenn ein Herr, der uns auf der Straße sähe, plötzlich in Tränen ausbrechen wollte bei dem bloßen Gedanken an unsere Existenz, könnte es als beunruhigend und unhöflich angesehen werden; aber Lachen ist nicht unhöflich. In Wahrheit ist das Wort »grotesk« eine irreführende Beschreibung des Häßlichen in der Kunst. Daraus folgt nicht, daß die chinesischen Drachen oder die gotischen Wasserspeier oder die hexenartigen alten Frauen Rembrandts im geringsten komisch gemeint waren. Ihre Übertreibung war nicht die Übertreibung der Satire, sondern einfach die Übertreibung der Vitalität; und hier liegt der Schlüssel zur Stellung der Häßlichkeit in der Ästhetik. Wir sehen gern eine Klippe in schamloser Entschiedenheit hinausragen vom Riff, wir sehen gern die Rottannen kühn aufsteigen auf hohem Riff, wir sehen gern einen Abgrund von Bergrand zu Bergland klaffen. Mit gleich edler Begeisterung sehen wir gern eine Nase entschieden hinausragen, sehen wir gern das rote Haar eines Freundes kühn aufsteigen in Borsten

auf seinem Kopfe, sehen wir gern seinen Mund breit und klar geschnitten wie die Bergschlucht. Wenigstens manche von uns haben es gern; es ist keine Frage des Humors. Wir platzen nicht vor Heiterkeit, wenn wir die Tannen oder den Abgrund zum erstenmal sehen; aber wir haben sie gern, weil sie die dramatische Fülle der Natur ausdrücken, ihre kühnen Experimente, ihre entschiedenen Verderbnisse, ihren furchtlosen und wilden Stolz über ihre Kinder. In dem Augenblick, da wir den Zauber konventioneller Schönheit gebrochen haben, warten Millionen schöner Gesichter auf uns aller Orten, so wie es eine Million schöner Seelen gibt.

Verteidigung des Slang

Die Aristokraten des 19. Jahrhunderts haben ihre einzige Brauchbarkeit vollkommen vernichtet. Ihr Geschäft ist es, prunkhaft und arrogant zu sein; aber sie prunken unaufdringlich, und ihre Versuche von Arroganz sind niederdrückend. Ihre Hauptpflicht bisher ist die Entwicklung der Abwechslung, Lebhaftigkeit und Fülle des Lebens gewesen; Oligarchie war der erste Freiheitsversuch der Welt. Aber jetzt haben sie das entgegengesetzte Ideal der »guten Formen« angenommen, das als Puritanismus ohne Religion definiert werden kann. Gute Form hat sie alle in Schwarz geworfen wie das Läuten einer Begräbnisglocke. Sie veranstalten, wie Mr. Gilberts Kuraten, in einem Krieg der Milde einen regelrechten Wettbewerb der Zurückgezogenheit. In alten Zeiten strebten die Herren der Erde vor allen Dingen danach, voreinander ausgezeichnet zu sein; zu diesem Zweck setzten sie abscheuliche Figuren auf ihre Helme und malten alberne Farben auf ihre Schilde. Sie wollten es vollkommen klar machen, daß ein *Norfolk* so verschieden beispielsweise von einem *Argyll* war wie ein weißer Löwe von einem schwarzen Schwein. Aber heutzutage ist ihr Ideal gerade das umgekehrte, und wenn ein *Norfolk* und ein *Argyll* so ähnlich angezogen wären, daß man sie miteinander verwechselte, würden beide nach Hause gehen, vor Freude tanzend.

Die Folgen davon sind unvermeidlich. Die Aristokratie muß ihre Funktion verlieren, vor der Welt die Idee der Abwechslung, des Experiments und der Farbe zu vertreten, und wir müssen diese Dinge in einer andern Klasse suchen. Die Frage, ob wir sie in der Mittelklasse finden würden, hieße mit heiligen Sachen Possen treiben. Es bleibt nur der einzige Schluß übrig, daß es gewisse Schichten der niederen Klassen hauptsächlich sind, zum Beispiel Omnibuskutscher, mit ihrer reichen, rokokohaften Art des Denkens, nach denen wir um Führerschaft zu Freiheit und Licht aufblicken müssen.

Der einzige Strom der Poesie, der unversieglich fließt, ist der Slang. Jeden Tag webt ein namenloser Dichter irgendwelchen Märchenzierat volkstümlicher Sprache. Allerdings spricht die vornehme ebenso wie die demokratische Welt Slang; das ist wahr und stützt die vorgebrachte Anschauung bedeutend. Nichts ist überraschender als der Kontrast zwischen dem schwerfälligen, formellen, leblosen Slang des Weltmanns und dem leichten, lebendigen und geschmeidigen Slang des Straßenverkäufers. Der Gesprächston der oberen Gesellschaftsschicht der Gebildeten ist wohl das gestaltloseste, planloseste und hoffnungsloseste literarische Produkt, das die Welt je gesehen hat. Wieder deutlich, wie die oberen Klassen darin entartet sind. Wir haben ausreichende Belege, daß die alten Führer von Lehnskriegen gelegentlich mit einer gewissen natürlichen Symbolik und Beredsamkeit sprechen konnten, die sie nicht aus Büchern erlangt hatten. Wenn Cyrano de Bergerac in Rostands Stück Zweifel schleudert gegen das Vorkommen christlicher Dummheit und mangelnder Kultur, erwidert der letztere:

> » Bah! on trouve des mots quand on monte à l'assaut;
> Oui, j'ai un certain esprit facile et militaire;«

und diese beiden Zeilen fassen eine Wahrheit über die alten Oligarchen zusammen. Sie konnten nicht drei leserliche Buchstaben schreiben, aber sie konnten manchmal Literatur reden. Douglas, als er das Herz des Bruce, der vor ihm stand, in seiner letzten Schlacht durchbohrte, rief aus: »Geh voran, großes Herz, wie du es immer gewohnt warst.« Ein spanischer Edelmann sagte, als ihm vom König befohlen ward, einen stellungsmächtigen, bekannten Verräter zu empfangen: »Ich will ihn in aller Ergebenheit empfangen und mein Haus nachher verbrennen.« Das ist Literatur ohne Kultur; das ist die Rede von Leuten, die überzeugt sind, daß sie stolz die Poesie des Lebens verfechten müssen.

Wer immer nach solchen Perlen in der Konversation eines jungen Mannes aus dem modernen Belgravia suchen wollte, hätte viel Kummer in seinem Leben. Es ist nicht nur unmöglich für Aristokraten, stolz die Poesie des Lebens zu verfechten; es ist für sie unmöglicher als für sonst jemand. Es gilt tatsächlich als pöbelhaft für einen Edelmann, sich seines alten Namens zu rühmen, was, wenn man es recht überlegt, der einzig vernünftige Zweck seines Daseins wäre. Wenn ein Mann auf der Straße mit roher, feudaler Rhetorik verkündete, er wäre der *Earl of Doncaster*, würde er als Irrsinniger eingesperrt werden; sollte es sich aber herausstellen, daß er der *Earl of*

Doncaster wäre, würde man ihn einfach als ordinären Kerl schneiden. Man darf keine poetische Prosa von den *Earls* als Klasse erwarten. Der elegante Slang ist überhaupt kaum eine Sprache; er ist wie die unartikulierten Schreie von Tieren, die dunkel gewisse klare, leicht verständliche Gemütszustände andeuten.

»Gelangweilt«, »kaput«, »nett«, »miserabel« und so fort sind wie die Worte irgendeines wilden Volksstammes, dessen Wortschatz nur etwa zwanzig solche Vokabeln umfaßt. Wenn ein Modemensch gegen irgendeinen Schnitzer eines andern Modemenschen protestieren wollte, würde seine Rede nur eine Schnur steifer Phrasen sein, leblos wie tote Fische an einer Schnur. Aber ein Omnibuskutscher (»des Gottes voll«) würde mit einem soliden literarischen Eifer loslegen: »Se find man 'n feiner Herr, nich ... Ihre Stiebeln jlänzen mehr als wat Ihr Vastand is ... da is man nich viel von Ihn'n un det sind Kleder ... recht, steckn's 'n Jlimmstengel ins Jesicht, weil ick Ihn'n man nich sehn kann dahinter ... aha, Se jebn nen wieder raus. Schon jutt, Se sind man noch ze jung fors Rochen, ick hab schon nach Ihre Frau Mutta jeschickt ... Wat, Se jehn! ne, tun Se mir det doch nich an, fortlofn ... Se jlobn woll, ick tu Ihna wat ... Ick hab 'n jutes Herz, ja woll ... Fort mit de Tierquälerei, saje ick«, und so weiter. Es ist sonnenklar, daß diese Sprechweise nicht nur literarisch, sondern literarisch in einem sehr blumenreichen, beinahe künstlichen Sinne ist. Keats verwendet in einem Sonett niemals so weithergeholte Metaphern wie ein Straßenhändler zum Fluchen braucht, dessen Rede eine einzige, lange Allegorie ist wie Spensers »Feenkönigin«.

Ich halte es nicht für notwendig, beweisen zu müssen, daß diese poetische Bildlichkeit das Charakteristikum des echten Slang ist. Ein Ausdruck wie: »Behalten Sie Ihre Haare an« ist tatsächlich eines Meredith würdig in seiner verdrehten und geheimnisvollen Art, einen Gedanken auszudrücken. Die Amerikaner haben den bekannten Ausdruck » *swelled head*« (geschwollener Kopf) für jemand, der recht eingebildet ist auf sein eignes Handeln, und unlängst hörte ich eine bemerkenswerte Fantasie über dieses Lied. Ein Amerikaner sagte, daß die Japaner nach dem Kriege mit China »einen Schuhlöffel brauchten, um ihre Hüte aufzusetzen«. Das ist ein Denkmal der wahren Natur des Slang, die darin liegt, sich weiter und weiter von der ursprünglichen Vorstellung zu entfernen und diese mehr und mehr als eine Voraussetzung zu behandeln. Sie hat etwas von der literarischen Doktrin der Symbolisten.

Der wahre Grund dieser großen Entwicklung der Beredsamkeit bei den unteren Klassen bringt uns wieder zurück zu dem Kapitel der Aristokratie in früheren Zeiten. Die unteren Klassen leben im Kriegszustand, in einem Krieg der Worte. Ihre Schlagfertigkeit ist das Produkt des gleichen feurigen Individualismus wie die Schlagfertigkeit der alten kämpfenden Oligarchen. Jeder Kutscher hat mit seiner Zunge bereit zu sein wie jeder Edelmann des vergangenen Jahrhunderts bereit sein mußte mit seinem Schwert. Es ist ein Unglück, daß die Poesie, die sich durch diesen Prozeß entwickelt, bloß eine groteske Poesie sein soll. Aber da die höheren Stände der Gesellschaft vollkommen abgedankt haben von ihrem Recht, mit heroischer Beredsamkeit zu sprechen, ist es kein Wunder, daß die Sprache sich selbst in der Richtung zu einer Pöbelberedsamkeit hin entwickeln mußte. Der wesentliche Punkt ist, daß irgendwer am Werk sein muß, um eine Sprache mit neuen Symbolen und neuen Umschreibungen zu bereichern.

Aller Slang ist Metapher, und aller Metapher ist Poesie. Wenn wir eine Pause machten, um die billigsten Alltagsphrasen zu prüfen, die täglich über unsere Lippen gehen, würden wir finden, daß sie so reich und suggestiv sind wie eben so viele Sonette. Um ein einziges Beispiel anzuführen: wir sagen von einem Mann in sozialer Hinsicht »er breche das Eis«. Wenn das zu einem Sonett ausgestaltet werden sollte, hätten wir vor uns ein düsteres und erhabenes Bild eines Ozeans voll ewigen Eises, den finstern und höhnenden Spiegel der nordischen Welt, über den Menschen gingen und tanzten und leicht dahinglitten, unter dem aber das lebendige Wasser tobte und arbeitete – klaftertief. Die Welt des Slang ist eine Art Kopfstehertum der Poesie, voll blauer Wunder und weißer Elefanten, voll Menschen, die ihre Köpfe verlieren und Menschen, mit denen die Zungen davonlaufen – ein ganzes Chaos von Märchen.

Verteidigung der Kinderanbetung

Die zwei Dinge, die beinahe jeden normalen Menschen bei Kindern anziehen, sind: erstens, daß sie sehr ernst, und zweitens, daß sie infolgedessen sehr glücklich sind. Sie sind so restlos lustig, wie es nur möglich ist, wenn der Humor aus dem Spiele bleibt. Die unergründlichsten Schulen und weise Männer haben niemals die Tiefe erreicht, die in den Augen eines drei Monate alten Kindes wohnt. Es ist die Tiefe des Staunens über die Welt, und Staunen über die Welt ist nicht Mystizismus, sondern transzendenter Menschenverstand. Darin liegt das Berückende an Kindern, daß mit jedem von ihnen alle Dinge neu geschaffen werden, und daß das Weltall wieder auf die Probe gestellt wird. Wenn wir auf der Straße gehen und auf diese entzückenden, rundlichen Köpfe herunterschauen, dreimal zu groß für den Körper, auf die Konturen dieser menschlichen Pilze, sollten wir uns immer zuerst erinnern, daß es in jedem von diesen Köpfen ein neues Weltall gibt, neu wie am siebenten Schöpfungstage. In jeder dieser Kugeln gibt es ein neues Sternensystem, neues Gras, neue Städte, ein neues Meer.

Im gesunden Denken ist immer ein dunkler Impuls vorhanden, daß Religion uns eher graben als klettern lehre; daß, wenn wir erst einmal das gewöhnliche Erdenleben verstünden, wir alles verstünden. Ähnlich ist unser Empfinden, daß wir keine zweite Apokalypse nötig hätten, wenn wir mit einem Schlag herkömmlichen Brauch vernichten und die Sterne sehen könnten, wie ein Kind sie steht. Das ist die große Wahrheit, die immer hinter der Kinderanbetung verborgen ist und die sie bis ans Ende aufrecht halten wird. Reife, mit ihren endlosen Energien und Erwartungen, ist leicht davon zu überzeugen, daß sie neue schätzenswerte Dinge finden wird; aber niemals wird sie im Innersten überzeugt werden, daß sie das richtig geschätzt hat, was sie besitzt. Wir mögen die Himmel erstürmen und neue Sterne ohne Zahl finden, es gibt immer noch den neuen Stern, den wir nicht gefunden haben – jenen, auf dem wir geboren sind.

Doch der Einfluß der Kinder geht weiter als sein erstes spielerisches Bemühn, Himmel und Erde neu zu schaffen. Er zwingt uns wirklich, unser Betragen umzustimmen in Einklang zu dieser revolutionären Theorie von dem Wunderbaren aller Dinge. Wir betrachten (selbst wenn wir ganz simpel oder unwissend sind) – wir betrachten wirklich das Sprechen bei Kindern als etwas Wunderbares, das Gehen bei Kindern als etwas Wunderbares, das gewöhnliche Verständnis bei Kindern als etwas Wunderbares. Der zynische Philosoph dünkt sich darin überlegen – und macht sich lustig, indem er zeigt, daß Worte oder Spielereien des Kindes, so bewundert von seinen Anbetern, gewöhnlich genug sind. Tatsache ist, daß Kinderanbetung gerade damit so von Grund aus recht hat. Alle Worte und alle Spielereien in einem Lehmklumpen sind wundervoll, des Kindes Worte und Spielereien sind wundervoll, und es ist nur gerecht, zu sagen, daß des Philosophen Worte und Spielereien ebenso wundervoll sind.

In Wahrheit ist unser Verhalten zu Kindern richtig und unser Verhalten zu Erwachsenen falsch. Altersgenossen gegenüber besteht unser Verhalten in einer servilen Förmlichkeit, die ein beträchtliches Maß von Gleichgültigkeit und Verachtung übertüncht. Unser Verhalten zu Kindern besteht in einer herablassenden Verzärtelung, die einen ungeheuren Respekt übertüncht. Wir verbeugen uns vor Erwachsenen, nehmen die Hüte vor ihnen ab, halten uns zurück, ihnen schlechterdings zu widersprechen, aber eigentlich schätzen wir sie nicht. Wir machen Puppen aus Kindern, halten ihnen Strafpredigten, ziehen sie bei den Haaren und verehren, lieben und fürchten sie. Wenn wir etwas an den Gereiften verehren, sind es ihre Tugenden oder ihre Weisheit, und das ist eine leichte Sache. Aber wir verehren die Fehler und Dummheiten der Kinder.

Wir würden offenbar dem wahren Erfassen der Dinge beträchtlich näher kommen, wenn wir alle erwachsenen Personen aller Titel und Typen genau mit jener dunklen Zuneigung und geblendeten Ehrfurcht behandelten, mit der wir kindliche Beschränkungen behandeln. Es macht einem Kinde Schwierigkeiten, das Wunder der Sprache zu erlangen, infolgedessen finden wir seine Schnitzer beinahe geradeso wundervoll wie seine Richtigkeit. Wenn wir nur das gleiche Verhalten gegen Ministerpräsidenten und Finanzminister annehmen wollten, wenn wir freundlich ihre stammelnden und entzückenden Versuche menschlicher Rede ermutigen wollten, würden wir in einer viel klügeren und toleranteren Gemütsverfassung sein. Ein Kind hat eine Fertigkeit, mit dem Leben Experimente zu machen, die zumeist gesund in den Motiven, aber oft unerträglich im häuslichen Gemeinwesen sind. Wenn wir nur alle kommerziellen Freibeuter und aufgeblasenen Wüteriche in der gleichen Weise behandelten, wenn wir ihnen ihre Brutalitäten sanft verwiesen als ziemlich komische Irrtümer in der Lebensführung, wenn wir ihnen einfach sagten, »sie würden es schon einsehen lernen, wenn sie erst älter wären«, zeigten wir wahrscheinlich das beste und erschütterndste Betragen gegen die Schwächen der Menschheit. In unseren Beziehungen zu Kindern beweisen wir, daß das Paradox vollkommen wahr ist, eine Verzeihung, die an Verachtung grenzt, mit einer Anbetung, die an Schrecken grenzt, vereinen zu können. Wir vergeben Kindern mit derselben Art lästernder Freundlichkeit, mit der Omar Khayyam dem Allmächtigen verzieh.

Die wesentliche Richtigkeit unserer Ansicht über Kinder liegt in der Tatsache, daß wir sie und ihre Art als übernatürlich empfinden, während wir aus irgendeinem mystischen Grund uns selbst und unsere Art nicht mystisch empfinden. Gerade die Kleinheit von Kindern macht es möglich, sie als Wunder zu betrachten; wir scheinen es mit einer neuen Rasse zu tun zu haben, nur sehen wir sie durch ein Mikroskop. Ich zweifle, ob irgendwer mit einiger Zartheit und Phantasie die Hand eines Kindes sehen kann, ohne dabei ein wenig zu erschrecken. Es erfüllt einen mit Ehrfurcht, sich die nötige menschliche Energie zu denken, die ein so winziges Ding bewegt; es ist wie die Vorstellung, daß die menschliche Natur im Flügel eines Schmetterlings oder im Blatt eines Baumes wohnen könnte. Wenn wir auf Leben herabblicken, so menschlich und doch so klein, ist es uns, als wenn wir selbst zu einer verlegen machenden Körpergröße emporwüchsen. Wir fühlen diesen Geschöpfen gegenüber die gleiche Art von Verpflichtung, die eine Gottheit fühlte, wenn sie etwas geschaffen hätte, das sie nicht verstünde.

Aber der komische Anblick der Kinder ist vielleicht das teuerste aller Bande, die den Kosmos zusammenhalten. Ihre schwerköpfige Würde ist rührender als ihre Demut; ihre Tiefe gibt uns mehr Hoffnungen zu allem als taufend Karnevale des Optimismus; ihre großen und glänzenden Augen scheinen in ihrem Staunen alle Sterne zu halten; die bezaubernde Abwesenheit ihrer Nase scheint uns der deutlichste Hinweis auf die Freude, die unser im Himmelreich harrt.

Verteidigung von Detektivgeschichten

Will man auf den wahren psychologischen Grund für die Verbreitung von Detektivgeschichten kommen, ist es notwendig, sich von einer Menge bloßer Phrasen freizumachen. Es ist beispielsweise nicht wahr, daß die Bevölkerung schlechte Literatur guter vorzieht und zu Detektivgeschichten greift, weil sie schlechte Literatur sind. Der bloße Mangel künstlerischer Feinheit macht ein Buch nicht populär. Das deutsche Reichskursbuch enthält wenig Lichter psychologischer Komödie, und doch wird es nicht fieberhaft an Winterabenden laut vorgelesen. Wenn Detektivgeschichten überschwänglicher gelesen werden als Kursbücher, geschieht es sicher, weil sie künstlerischer sind. Viele gute Bücher sind zum Glück populär gewesen; viele schlechte Bücher sind – ein weit größeres Glück noch – unpopulär gewesen. Selbst eine gute Detektivgeschichte würde wahrscheinlich populärer sein als eine schlechte. Die Schwierigkeit dieser Sache liegt darin, daß viele Leute sich gar nicht klar werden, daß es so etwas wie eine gute Detektivgeschichte gibt; es kommt ihnen vor, als ob man von einem guten Teufel spräche. Eine Geschichte über einen Einbruch zu schreiben, ist in ihren Augen so viel als ihn geistig verüben. Bei weniger sensiblen Menschen ist dies natürlich genug; es muß eingestanden werden, daß viele Detektivgeschichten so voll sensationeller Verbrechen sind wie ein Drama von Shakespeare.

Es besteht jedoch zwischen einer guten Detektivgeschichte und einer schlechten ebensoviel Unterschied oder noch mehr, wie zwischen einem guten Epos und einem schlechten. Die Detektivgeschichte ist nicht nur eine vollkommen legitime Form der Kunst, sondern sie hat gewisse entschiedene und tatsächliche Vorteile als Agent der öffentlichen Wohlfahrt.

Der wesentliche Hauptwert der Detektivgeschichte liegt darin, daß sie die früheste und einzige Form populärer Literatur ist, in der sich etwas Sinn für die Poesie modernen Lebens geltend macht. Menschen lebten unter mächtigen Bergen und ewigen Wäldern Jahrhunderte lang, ehe sie deren Poesie fühlten; es mag vernünftigerweise gefolgert werden, daß manche unserer Nachkommen die roten Rauchfänge in gleicher Purpurpracht sehen mögen wie die

Bergspitzen, und daß sie die Laternenpfähle so alt und natürlich finden wie die Bäume. Die Detektivgeschichte dieser Vorstellung von der Großstadt als etwas abenteuerlichem und auffälligem ist die »Ilias«. Niemandem kann es entgangen sein, daß in diesen Geschichten der Held oder Forscher durch London wandert, einsam und frei fast wie ein Märchenprinz aus Elfenland, daß im Verlauf jener unberechenbaren Reife der zufällige Omnibus die Urfarben eines Fabelschiffes annimmt. Die Lichter der Stadt beginnen wie unzählige Koboldsaugen zu glühen, weil sie die Hüter irgendeines, noch so primitiven Geheimnisses sind, das der Dichter weiß und der Leser nicht. Jede Straßenwindung ist wie ein Finger, der darauf hindeutet; die phantastischen Linien der Schornsteine am Horizont scheinen wild und spöttisch den Sinn des Geheimnisses zu signalisieren.

Diese Verwirklichung der Poesie von London ist keine kleine Sache. Eine Stadt ist streng genommen poetischer selbst als das Land; denn während die Natur ein Chaos von unbewußten Kräften ist, ist die Stadt ein Chaos von bewußten. Die Krone einer Blume oder das Muster einer Flechte mögen oder mögen keine bedeutsamen Symbole sein. Aber es gibt keinen Stein in der Straße und keinen Ziegel in der Mauer, der nicht tatsächlich ein bedachtes Symbol wäre – eine Botschaft von irgendeinem Menschen, geradeso als ob es ein Telegramm oder eine Postkarte wäre. Die engste Gasse birgt in jeder Krümmung und Biegung ihrer Anlage die Seele des Menschen, der sie baute und vielleicht schon lang im Grab liegt. Jeder Ziegel hat eine so lebendige Hieroglyphe, als ob er ein Keilschriftziegel aus Babylon wäre; jeder Schiefer auf dem Dach ist ein so erzieherisches Dokument, als ob er ein Schiefer voll Additions- und Subtraktionssummen wäre. Alles, was bestrebt ist, selbst unter bei phantastischen Form der Minutiae des Sherlock Holmes, diese Romantik des Details in der Zivilisation zu verfechten, diesen unergründlich menschlichen Charakter in Kiesel und Schiefer hervorzuheben, ist etwas Gutes. Es ist gut, daß der Durchschnittsmensch in die Gewohnheit verfällt, zehn Leute auf der Straße phantasievoll anzuschaun, selbst wenn es nur mit dem Erfolg geschieht, daß der elfte zufällig ein berüchtigter Dieb ist. Wir träumen vielleicht, daß eine andere und höhere Romantik von London denkbar wäre, daß der Menschen Seelen seltsamere Abenteuer haben könnten als ihre Leiber, und daß es schwieriger und aufregender sein würde, nach ihren Tugenden als ihren Verbrechen zu jagen. Da unsere großen Schriftsteller aber (mit der bewundernswerten Ausnahme von Stevenson) es ablehnen, von jener unheimlichen Stimmung und Stunde zu schreiben, da die Augen der Großstadt wie Katzenaugen im Dunkel zu flammen beginnen, müssen wir es der populären Literatur zugute rechnen, die mitten unter dem Geschwätz von Pedanterie und Übertriebenheit sich weigert, die Gegenwart als prosaisch oder das Alltägliche als Gemeinplatz zu betrachten. Volkstümliche Kunst in allen Jahrhunderten hat auf gleichzeitige Sitte und Tracht Rücksicht genommen; sie kleidete die Gruppen um die Kreuzigung in das Gewand der Florentiner Edlen oder vlämischen Bürger. Im achtzehnten Jahrhundert war es unter hervorragenden Schauspielern Brauch, Macbeth in Puderperücke und Rockkrause zu spielen. Wie weit wir in unserem Zeitalter davon entfernt sind, an die poetische Überzeugungskraft unseres eigenen Lebens und Treibens zu glauben, läßt sich leicht vorstellen, wenn man sich etwa ausmalt, wie Alfred der Große in Kniehosen und Lodenstrümpfen die Kuchen bäckt, oder eine Hamletaufführung, in der der Prinz im Frack erschiene, mit einem Trauerflor um seinen Hut. Aber dieser Instinkt des Zeitalters, zurück zu blicken wie Loths Frau, konnte nicht immer vorhalten. Eine ungefeilte, volkstümliche Literatur aus den romantischen Möglichkeilen der modernen Stadt mußte aufkommen. Sie ist mit den populären Detektivgeschichten erstanden, so urwüchsig und erfrischend wie die Balladen von Robin Hood.

Auch noch ein anderes gutes Werk wird durch die Detektivgeschichten getan. Während es die ständige Neigung des alten Adams ist, gegen etwas so Allgemeines und Automatisches wie Zivilisation zu rebellieren, Lossage und Aufruhr zu predigen, bringt das romantische Polizeiwesen in gewissem Sinne die Tatsache zum Bewußtsein, daß die Zivilisation selbst die sensationellste Lossagung und der romantischeste Aufruhr ist. Wenn wir an die nicht schlafenden Schildwachen denken, die die Vorposten der Gesellschaft schützen, muß es uns mahnen, daß wir im gerüsteten Lager leben und Krieg führen mit einer chaotischen Welt, und daß die Verbrecher, die Kinder des Chaos, nichts anderes sind als die Verräter in unseren Toren. Wenn der Detektiv in einem Polizeiroman allein und etwas wahnwitzig furchtlos dasteht unter den Messern und Fäusten einer

Diebsküche, dient es sicherlich dazu, uns daran zu erinnern, daß der Agent der sozialen Justiz die eigentlich originelle und poetische Figur ist, während die Einbrecher und Wegelagerer bloß friedliche, alte, kosmische Konservative sind, glücklich in der uralten Respektabilität der Affen und Wölfe. Die Romantik der Polizeimacht ist demnach die ganze Romantik des Menschen. Sie ruht in der Tatsache, daß Moral die dunkelste und gewagteste aller Verschwörungen ist. Sie bedeutet uns, daß die ganze geräuschlose und unmerkliche Polizeiverwaltung, durch die wir regiert und geschützt werden, bloß ein erfolgreiches fahrendes Rittertum ist.

Verteidigung des Patriotismus

Der Verfall des Patriotismus in England in jüngster Zeit ist eine ernste und verstimmende Angelegenheit. Nur als Folge eines solchen Verfalls konnte das übliche Gelüst nach Landbesitz mit der alten Liebe zum Lande zusammengeworfen werden. Wenn es in der Welt nicht mehr so etwas wie ein Liebespaar gäbe, könnten wir uns vorstellen, daß das ganze Wörterbuch der Liebe ohne Widerspruch auf das niedrigste und selbstverständlichste Begehren angewendet würde. Wenn kein Vorbild ritterlicher und läuternder Leidenschaft zurückbliebe, könnte auch niemand davon reden, daß Wollust keins von den Zeichen der Liebe trüge, daß Wollust räuberisch und Liebe mitleidsvoll, daß Wollust blind und Liebe wachsam wäre, daß Wollust sich selbst sättigte und Liebe unersättlich wäre. So ist es mit der Liebe zur Vaterstadt, jener hehren und uralten geistigen Leidenschaft, die mit rotem Blut auf die gleiche Tafel geschrieben ward wie die ursprünglichen Leidenschaften unserer Natur. Auf allen Seiten hören wir heutzutage von unserer Liebe zum Vaterland, und doch müßte jeder, der tatsächlich solche Liebe fühlt, über dieses Gerede verwirrt sein wie ein Mensch, der alle Menschen sagen hört, daß der Mond bei Tag und die Sonne bei Nacht scheine. Er müßte schließlich zu der Überzeugung kommen, daß diese Menschen sich nicht klar werden, was das Wort »Liebe« bedeutet, daß sie unter der Liebe zum Lande nicht meinen, was ein Mystiker unter Liebe zu Gott meinen könnte, sondern etwa das, was ein Kind unter Liebe für Schlagobers meinen könnte. Für jemanden, der sein Vaterland liebt, beispielsweise, ist unsere prahlerische Gleichgültigkeit der Ethik eines Völkerkriegs gegenüber bloß geheimnisvolles Kauderwelsch. Als ob man jemandem sagen würde, ein Junge habe einen Mord begangen, aber es brauchte ihn nicht weiter zu bekümmern, weil es ja nur sein Sohn wäre. Ganz klar ist das Wort »Liebe« hier ohne Bedeutung gebraucht. Das Wesen der Liebe ist es, empfindsam zu sein, das gehört zu ihrer Bestimmung; und jeder, der gegen das eine spricht, muß sicherlich sich auch vom andern lossagen. Diese Empfindlichkeit, manchmal fast bis zu einer kränklichen Empfindlichkeit gesteigert, war das Kennzeichen aller großen Liebhaber wie Dante und aller großen Patrioten wie Pitt. »Mein Land, im Recht oder Unrecht«, ist etwas, was einem Patrioten nie einfiele zu sagen, höchstens in einem verzweifelten Falle. Als ob man sagte: »Meine Mutter, betrunken oder nüchtern.« Kein Zweifel, wenn eines anständigen Mannes Mutter sich dem Trunk ergäbe, er würde ihre Sorgen bis zuletzt teilen; aber zu reden, als ob er in einem Zustande heiterer Gleichgültigkeit wäre, ob seine Mutter sich dem Trunk ergäbe oder nicht, ist sicher nicht die Sprache von Menschen, die das große Geheimnis kennen.

Was uns wirklich nottut zur Vereitelung und Abschüttelung eines tauben und heiseren Yingoismus[2] ist eine Renaissance der Vaterlandsliebe. Wenn die kommt, werden alle lauten Schreier plötzlich aufhören. Denn das erste aller Kennzeichen der Liebe ist Ernst: Liebe wird nicht Lügenberichte oder leeren Sieg der Worte anerkennen. Sie wird immer den aufrichtigsten Ratgeber als den besten schätzen. Liebe wird zur Wahrheit hingezogen durch den sicheren Magnetismus des Schmerzes; es gewährt dem Liebhaber kein Vergnügen, zehn Doktoren mit lautschreiendem Optimismus um ein Sterbebett herumtanzen zu sehen.

Wir müssen also fragen, wie kommt es denn, daß diese jüngste Bewegung in England, die vielen ehrlich als eine Renaissance des Patriotismus erschien, für uns keins von den Kennzeichen des Patriotismus zu tragen scheint – wenigstens nicht des Patriotismus in seiner höchsten Form? Warum hat sich die Anbeterei unserer Patrioten ausschließlich Eigenschaften und Umständen zugewendet, die an sich gut, aber verhältnismäßig materiell und trivial sind: dem Handel, der Körperkraft, einem fernen Grenzscharmützel, einer Balgerei in einem fernen Erdteil? Kolonien sind Dinge, auf die man stolz sein soll; aber ein Land, das nur stolz auf seine Extremitäten ist, ist wie ein Mensch, der nur stolz auf seine Beine ist. Warum gibt es keinen erhabenen, zentralen geistigen Patriotismus, einen Patriotismus im Kopf und Herzen des Reichs und nicht nur einen seiner Fäuste und Stiefel? Ein roher atheniensischer Matrose mag höchst wahrscheinlich gedacht haben, daß der Ruhm Athens darin läge, mit der richtigen Art Ruder zu rudern oder ordentlich mit Knoblauch versorgt zu sein; aber Perikles dachte nicht, daß darin Athens Ruhm läge. Bei uns dagegen ist absolut kein Unterschied zwischen dem Patriotismus, den der tote Chamberlain gepredigt hat, und

---

[2] Chauvinismus der Tory-Partei.

jenem eines Pat Rafferty, der singt: »Wie denken Sie über die Irländer jetzt«? Sie sind beide ehrenwert, frommer Denkungsart, billige Lobredereien über Trivialitäten und Binsenwahrheiten.

Ich habe, recht oder unrecht, eine Kenntnis der Hauptursache dieser Enge im englischen Patriotismus von heute und ich will versuchen, sie aufzudecken. Man kann für gewöhnlich annehmen, daß ein Mensch seinen eignen Stamm und seine Umgebung liebt, und daß er etwas darin des Lobes würdig finden wird; aber ob das gerade das lobenswerteste ist oder nicht, wird von des Mannes Aufklärung über die Tatsachen abhängen. Wenn Thackerays Sohn, sagen wir, in Unwissenheit von seines Vaters Ruhm und Genius aufwüchse, er würde nicht unwahrscheinlich darauf stolz sein, daß sein Vater über sechs Fuß groß war. Mich dünkt, daß wir als Nation genau in der Lage dieses hypothetischen Sohnes von Thackeray sind. Wir verfallen mit unserem Patriotismus auf plumpe und nichtige Dinge aus einem einfachen Grunde. Wir sind das einzige Voll in der Welt, dem nicht in der Kindheit seine eigne Literatur und seine eigne Geschichte beigebracht wird.

Wir sind als Nation in der wahrhaft außergewöhnlichen Lage, unsere eigenen Verdienste nicht zu kennen. Wir haben eine große und glänzende Rolle gespielt in der Weltgeschichte des Denkens und Fühlens; wir sind unter den Vordersten gestanden in jener ewigen und unblutigen Schlacht, in der die Schläge nicht töten, sondern Leben zeugen. In Malerei und Musik sind wir vielen anderen Nationen unterlegen; aber in Literatur, Wissenschaft, Philosophie und politischer Beredsamkeit können wir uns, wenn die Geschichte als Ganzes genommen wird, mit jeder Nation messen. Aber all dieses ungeheure Erbe geistigen Ruhms wird von unseren Schuljungen ferngehalten wie eine Ketzerei; und man läßt sie leben und sterben in der dummen und infantilen Art von Patriotismus, den sie aus einer Schachtel Bleisoldaten gelernt haben. Dabei ist nichts Schlimmes an der Schachtel mit Bleisoldaten; wir erwarten nicht von den Kindern, daß sie ebenso entzückt wären von einer schönen Schachtel Bleiphilanthropen. Sehr schlimm steht es aber damit, daß die zartere und kultiviertere Ehre Englands nicht so dargestellt wird, um mit dem sich erweiternden Geist Schritt zu halten. Einem französischen Jungen wird der Ruhm Molières so gut gelehrt wie der Turennes; einem deutschen Jungen wird seine eigene große

Nationalphilosophie gelehrt, ehe er die Philosophie des Altertums lernt. Das Resultat ist, obwohl der französische Patriotismus oft verrückt und prahlerisch, der deutsche Patriotismus oft isoliert und pedantisch ist, keiner von beiden ist bloß dumm, gemein und brutal, wie es so oft das seltsame Schicksal der Nation eines Bacon und Locke ist. Das ist natürlich genug, ja, unter den Umständen sogar berechtigt genug. Ein Engländer muß England wegen irgendetwas lieben; infolgedessen will er stolz sein auf Handel oder Preisboxen genau so wie ein Deutscher auf Musik, oder ein Holländer auf Malerei stolz sein kann, weil er wirklich glaubt, daß es das Hauptverdienst seines Vaterlandes ist. Es wäre nicht im geringsten ungewöhnlich, wenn das Anrecht, Provinzen aufzuessen und Prinzen zu stürzen, der Hauptruhm eines Zulus wäre. Das ungewöhnliche ist nur, daß es der Hauptruhm eines Volkes ist, das sich eines Shakespeare, Newton, Burke und Darwin rühmen kann.

Der merkwürdige Mangel jeder Großmut und Feinheit in dem augenblicklichen englischen Nationalismus scheint keinen anderen möglichen Ursprung zu haben als in dieser Tatsache unserer einzig dastehenden Versäumnis, das Studium der Nationalliteratur als Erziehungsfaktor zu betrachten. Ein Engländer könnte nicht dumm genug sein, andere Nationen zu verachten, wenn er einmal wüßte, wie viel England für sie getan hat. Große Schriftsteller können nicht vermeiden, menschlich und universell zu sein. Das Fehlen des englischen Literatur-Unterrichts an unseren Schulen ist, wenn wir es recht überlegen, ein beinahe erschreckendes Phänomen. Ja, es ist noch erschreckender, wenn wir die Argumente hören, die von Schulmeistern und anderen konservativen Pädagogen wider das direkte Lehren des Englischen vorgebracht werden. Es heißt beispielsweise, daß eine riesige Menge englische Grammatik und Literatur während des Latein- und Griechisch-Unterrichtes erworben würde. Das ist vollkommen wahr, aber die Verkehrtheit der Idee scheint ihnen niemals aufzugehen. Es ist, als ob man sagen würde, ein Kind erwirbt die Kunst des Gehens, indem es springen lernt, oder ein Franzose würde mit Erfolg im Deutschen unterrichtet, indem er einem Preußen Ashanti lernen hülfe. Sicherlich, die naheliegendste Grundlage aller Erziehung ist die Sprache, der die Erziehung übertragen ist; wenn ein Junge nur Zeit hat, *einen* Gegenstand zu lernen, dann sollte er lieber den lernen.

Wir haben mit Überlegung dieses große Erbe erhabenen Nationalgefühls mißachtet. Wir haben unsere öffentlichen Schulen zu den stärksten Mauern gemacht gegen ein Flüstern von Englands Ehre. Und wir haben unsere Strafe gehabt in dieser seltsamen und verkehrten Tatsache – während eine einigende Vision von Patriotismus Horden von brutalen Wilden und farblosen Bürgern veredeln und ihnen das Teuerste im Leben sein kann – daß wir, die wir – die Welt sei Zeuge – menschlich, ehrenwert und persönlich ernst sind, einen Patriotismus haben, der das schlechteste in uns ist. Was haben wir getan und wohin haben wir uns verirrt, wir, die Weise hervorgebracht haben, die mit Sokrates hätten sprechen können, und Dichter, die mit Dante wandeln könnten, daß wir reden sollen, als hätten wir nichts anderes getan als Kolonien gegründet und Negern Fußtritte versetzt? Wir sind die Kinder des Lichts, und wir sind es, die im Finstern sitzen. Wenn wir gerichtet werden, so wird es nicht um des bloß verstandesmäßigen Vergehens willen geschehen, daß wir versagt haben, andere Nationen zu würdigen, sondern um des letzten geistigen Vergehens willen, daß wir versagt haben, uns selbst zu würdigen.

Über tredition

Eigenes Buch veröffentlichen

tredition wurde 2006 in Hamburg gegründet und hat seither mehrere tausend Buchtitel veröffentlicht. Autoren veröffentlichen in wenigen leichten Schritten gedruckte Bücher, e-Books und audio-Books. tredition hat das Ziel, die beste und fairste Veröffentlichungsmöglichkeit für Autoren zu bieten.

tredition wurde mit der Erkenntnis gegründet, dass nur etwa jedes 200. bei Verlagen eingereichte Manuskript veröffentlicht wird. Dabei hat jedes Buch seinen Markt, also seine Leser. tredition sorgt dafür, dass für jedes Buch die Leserschaft auch erreicht wird.

Im einzigartigen Literatur-Netzwerk von tredition bieten zahlreiche Literatur-Partner (das sind Lektoren, Übersetzer, Hörbuchsprecher und Illustratoren) ihre Dienstleistung an, um Manuskripte zu verbessern oder die Vielfalt zu erhöhen. Autoren vereinbaren direkt mit den Literatur-Partnern die Konditionen ihrer Zusammenarbeit und partizipieren gemeinsam am Erfolg des Buches.

Das gesamte Verlagsprogramm von tredition ist bei allen stationären Buchhandlungen und Online-Buchhändlern wie z. B. Amazon erhältlich. e-Books stehen bei den führenden Online-Portalen (z. B. iBookstore von Apple oder Kindle von Amazon) zum Verkauf.

Einfach leicht ein Buch veröffentlichen: **www.tredition.de**

Eigene Buchreihe oder eigenen Verlag gründen

Seit 2009 bietet tredition sein Verlagskonzept auch als sogenanntes "White-Label" an. Das bedeutet, dass andere Unternehmen, Institutionen und Personen risikofrei und unkompliziert selbst zum Herausgeber von Büchern und Buchreihen unter eigener Marke werden können. tredition übernimmt dabei das komplette Herstellungs- und Distributionsrisiko.

Zahlreiche Zeitschriften-, Zeitungs- und Buchverlage, Universitäten, Forschungseinrichtungen u.v.m. nutzen diese Dienstleistung von tredition, um unter eigener Marke ohne Risiko Bücher zu verlegen.

Alle Informationen im Internet: **www.tredition.de/fuer-verlage**

tredition wurde mit mehreren Innovationspreisen ausgezeichnet, u. a. mit dem Webfuture Award und dem Innovationspreis der Buch Digitale.

tredition ist Mitglied im Börsenverein des Deutschen Buchhandels.

Dieses Werk elektronisch lesen

Dieses Werk ist Teil der Gutenberg-DE Edition DVD. Diese enthält das komplette Archiv des Projekt Gutenberg-DE. Die DVD ist im Internet erhältlich auf **http://gutenbergshop.abc.de**

Zeitfracht Medien GmbH
Ferdinand-Jühlke-Straße 7
99095 Erfurt, Deutschland
produktsicherheit@kolibri360.de